TYPES
d'Architecture Gothique.

TYPES
d'Architecture Gothique

empruntés

AUX ÉDIFICES LES PLUS REMARQUABLES CONSTRUITS EN ANGLETERRE
PENDANT LES XII, XIII, XIV, XV, ET XVI SIÈCLES,

et représentés

EN PLANS, ÉLÉVATIONS, COUPES ET DÉTAILS GÉOMÉTRAUX,

de manière

à compléter l'étude et à faciliter la construction pratique
des diverses variétés du style ogival

par

A. W. PUGIN,
ARCHITECTE ARCHÉOLOGUE,

traduit de l'Anglais par L. DELOBEL, Lt COLONEL D'ARTILLERIE,
et publié avec approbation de l'Auteur.
la partie graphique revue par GODEFROID UMÉ, Architecte,
ancien pensionnaire en Allemagne et en Italie.

PREMIER VOLUME.

PARIS,	LIÉGE,
E. Noblet, Éditeur,	Même Maison,
Rue Jacob, 20.	Place derrière St Paul, 6.

1856.

AVANT-PROPOS DU TRADUCTEUR.

En architecture plus qu'en aucune autre branche des Beaux-Arts, le goût ne peut se former qu'à l'école des grands maîtres, c'est-à-dire que l'aptitude à l'intelligence du beau réel ne s'acquiert que par l'étude et par la comparaison des chefs-d'œuvre que ces maîtres nous ont légués. C'est surtout en ce qui concerne le style chrétien du moyen-âge, si improprement appelé architecture gothique, qu'il faut à l'artiste chargé de composer ou restaurer un édifice de l'espèce, non-seulement la connaissance parfaite des vrais principes de ce style, mais encore celle approfondie des monuments types dont l'analyse a conduit les archéologues modernes à la découverte de ces mêmes principes; et cela, par la raison bien simple que, dans l'infinie variété de combinaisons auxquelles se prêtent les éléments de l'art gothique, et par conséquent aussi dans le vaste champ qu'il ouvre à l'esprit d'invention et d'imitation, il est beaucoup plus aisé de faire fausse route, de tomber dans l'hérésie, qu'il n'est possible de le faire dans les sentiers tout tracés, tant rebattus et comparativement si limités de l'architecture grecque, voire même de ses dérivées italienne et française, malgré leur grande élasticité d'agencement.

C'est à Chateaubriand que revient l'honneur d'avoir réhabilité l'art chrétien du moyen-âge; c'est aux inspirations de sa muse religieuse que nous sommes redevables de la révélation de l'admirable symbolisme de cet art; c'est lui qui nous a fait comprendre, après deux siècles d'indifférence et de mépris, ce que valent ces splendides cathédrales, ces gigantesques halles, ces fiers hôtels-de-ville, qui sont aujourd'hui encore les plus beaux monuments de nos cités, et qui sont aussi les pages les plus éloquentes et les plus authentiques de l'histoire de la civilisation moderne. Malheureusement, Chateaubriand était poète, mais point artiste : il avait, par intuition, compris ou plutôt senti la beauté et la grandeur du style chrétien, mais il n'a pas même soupçonné que la science déployée par nos pères dans la construction des monuments, dont la vue exaltait sa brillante imagination, a dû s'élever aussi haut que l'ardeur de leur foi et que leur amour pour la liberté. Le module de cette géométrie divine, la clé de cette arithmétique mystique, qui ont été les bases harmonieuses et régulières de l'architecte Chrétien, sont des secrets qui ont échappé à son attention, ainsi que le prouve le jugement qu'il en a porté en ces termes : « *L'ordre gothique*, AU MILIEU DE SES PROPORTIONS BARBARES, » *a toutefois une beauté qui lui est particulière.* » Des deux erreurs que comporte cette appréciation, on conçoit la deuxième, celle de fait, car le génie du grand poète planait trop haut pour avoir jamais pu descendre jusqu'à l'échafaudage où sont montés les Pugin et les Hoffstadt, pour rechercher avec autant de courage que de talent la solution positive du grand problème de l'ordre ogival, pour nous livrer enfin le mot de l'énigme que Montesquieu avait posée, il y a un siècle au moins, en disant, dans son Essai sur le goût, « qu'*un bâtiment d'ordre gothique est une* ESPÈCE D'ÉNIGME *pour l'œil qui le voit*, » *et l'âme est embarrassée comme quand on lui présente un poéme obscur.* »

On conçoit, disons-nous, l'erreur de fait commise à ce sujet par Chateaubriand ; mais on s'explique plus difficilement qu'il ait pu méconnaître la vérité de ce principe fondamental de l'Estétique : *Point de beauté ni de grandeur réelles là où manquent les proportions!* ce qui serait tout au plus vrai en parlant des pyramides d'Egypte, est complètement faux quand il s'agit de nos temples chrétiens. Quoi qu'il en soit de l'erreur que nous discutons ici, toujours est-il que, longtemps partagée par la plupart des architectes modernes, elle a donné naissance à une école pseudo-gothique qui, grâce aux préoccupations peu rétrospectives de la nouvelle société française, a beaucoup moins propagé et pratiqué son mauvais goût et son ignorance dans nos contrées qu'elle ne l'a fait en Angleterre. Si les errements de cette école ne s'étaient manifestés que par la production des ridicules pastiches gothiques dont les salons du grand monde sont actuellement inondés, ainsi que par la composition des devantures ogivales et à la Tudor qui sont dans nos maisons de campagne ce que les coulisses en toile sont dans les théâtres, le mal ne serait pas bien grand, car tout cela passera comme passent les engouements de la mode ; mais, hélas ! les pseudo-gothiques ont porté d'irréparables atteintes à plus d'un monument dont on leur a légèrement confié la restauration ; et Dieu sait où se seraient arrêtés les ravages de ces nouveaux Vandales, si les travaux des savants architectes que nous avons cités, ainsi que ceux de plusieurs comités archéologiques, institués en France, en Belgique et sur les bords du Rhin, n'étaient venus mettre fin à la vogue de leurs élucubrations hybrides.

Maintenant donc que les vrais principes du style gothique sont aussi rigoureusement

AVANT-PROPOS.

connus et formulés que le sont ceux de l'architecture classique, il devient nécessaire d'en comprendre l'étude dans le cadre de l'enseignement donné dans nos académies de dessin, et de compléter cette étude, dans les classes supérieures, par un cours d'Estétique, fondé sur l'examen comparatif des monuments types du moyen-âge. Il y a là une lacune qu'il importe d'autant plus de remplir sans retard, que, faute de lumières assez généralement répandues et malgré l'intervention des commissions d'archéologie officielle, on est tous les jours exposé à voir altérer dans la pureté de leur style originel les anciens édifices religieux et civils, dont, en France comme en Belgique, on poursuit, depuis quelque dix ans, la restauration avec tout le zèle et toute la libéralité que doivent mettre à pareille œuvre des peuples qui comprennent *que le luxe des monuments est le luxe des États libres, et que l'enthousiasme des arts nourrit celui du patriotisme.* Mais comme l'argent et l'enthousiasme ne sont pas, dans le domaine des arts, une garantie suffisante du bien-faire, nous pensons que Messieurs de l'académie de Belgique feraient bien de s'apercevoir que, en n'ayant pas songé jusqu'ici, du moins que nous sachions, à comprendre dans les questions qu'ils mettent en concours, celle si intéressante d'une architectonographie complète des monuments gothiques de la Belgique, ils semblent oublier que « *l'art étant l'expression la plus exacte des idées et des croyances d'une époque, et l'architecture en étant la partie principale, il s'ensuit qu'il n'y a point d'étude historique complète sans celle des monuments nationaux.* »

Il suffit, croyons-nous, des quelques considérations qui précèdent pour faire comprendre que, si nous nous sommes décidé à prendre part comme traducteur à la remarquable publication que M. Noblet vient d'entreprendre avec un zèle bien digne d'encouragements, c'est que nous avons conçu l'espoir que cette publication pourra aider à la prompte réalisation de la pensée toute nationale que nous venons d'émettre : il serait difficile, en effet, de pouvoir mettre sous les yeux de nos architectes et archéologues un guide plus sûr, un modèle plus méthodique, plus parfait comme exécution et plus riche en sujets de comparaison, que l'ouvrage par lequel le célèbre A. W. Pugin a terminé les nombreux travaux qui lui assurent à jamais la reconnaissance des amis de l'art chrétien ; car, ainsi que le rappelait naguère une revue littéraire, à propos de la Cathédrale de Cologne, « Pugin a consacré de longues années
» à visiter les monuments gothiques de l'Angleterre et du continent, et il a sauvé
» par son infatigable crayon plus d'un édifice précieux condamné à périr avant que

» la planche qui devait le représenter ne fut publiée ; » à quoi nous devons ajouter que Pugin a beaucoup contribué par la juste influence de son talent à ramener ses contemporains aux traditions du vrai style gothique et à arrêter dans leur zèle plus enthousiaste qu'éclairé les amateurs de gothique moderne et les restaurateurs de nos anciens monuments.

Si nous n'avions crainte de nous voir soupçonner de faire ici d'une question d'art et de progrès une réclame indirecte en faveur de notre éditeur ; nous appellerions l'attention de l'autorité compétente sur la convenance qu'il y aurait à substituer désormais aux inutiles médailles, que l'on décerne aux lauréats dans les concours d'architecture, de beaux et bons ouvrages techniques qui serviraient à leur former le goût et à développer chez eux l'intelligence de la composition. Ce genre de récompense serait d'autant plus rationnel que les livres d'architecture se vendent à des prix trop élevés pour que les jeunes artisans et apprentis constructeurs, dont se composent en majeure partie nos classes académiques, puissent songer à se les procurer au début de leur carrière industrielle ou artistique, c'est-à-dire au moment précis où ils pourraient en tirer le plus grand profit. Au nombre des bons ouvrages sur lesquels pourraient porter les choix de l'autorité, nous citerons les œuvres de Pugin, de Caumont, de Dugdale, de Moller, de Burrell, de Heideloff, de Gailhabaud, de Hoffstadt, etc., sans compter les mémoires et descriptions qui ont été depuis 15 ans publiés par des artistes et littérateurs belges sur quelques-uns de nos monuments gothiques.

Liége, ce 1er juillet 1851.

IMPRIMERIE DE N. REDOUTÉ, A LIÉGE.

TYPES
D'ARCHITECTURE GOTHIQUE.

Table des sujets et planches contenus dans le 1er volume, avec indication de leur placement pour la reliure.

PLANCHES.

1 *Frontispice.*   Principale porte d'entrée du collège de la Madeleine à Oxford.

OXFORD.   *Collège de Merton.*

2   I. Élévation extérieure d'une travée de la chapelle.
3   II. Portail du croisillon nord.
4   III. Spécimens d'anciens vitraux colorés.
5   IV. Élévation extérieure d'une travée du chœur.

Collège de Balliol.

6   I. Élévation d'une fenêtre d'oriel en encorbellement.
7   II. Sa coupe et ses détails.

Nouveau Collège.

8   I. Élévation extérieure de deux travées du cloître — son plan et sa coupe.
9   II. Pignon, pinacles et détails de la chapelle.

Collège des Ames.

10   I. Façades de devant et de derrière de la tour d'entrée.
11   II. Voûte d'arête, à nervures, pedicules et culs-de-lampe, du passage qui mène à la chapelle.
12   III. Élévation extérieure d'une travée de la chapelle — coupe et détails.
13   IV. Dossier des stalles en chêne de la chapelle.

TYPES D'ARCHITECTURE.

Collége Saint-Jean.

14	I. Façade de devant de la tour d'entrée — coupe et détails.
15	II. Voûte d'arête, à nervures et à pendentifs du passage qui mène au jardin.
16	III. Boiserie ornementée des ventaux de la porte principale du collége St.-Jean et des stalles de la chapelle du collége de Merton.

Collége de la Madeleine.

17	I. Portail occidental de la chapelle.
18	II. Coupe et détails de ce portail.
19	III. Détails de son ornementation.
20	IV. Façade, coupe et détails d'une travée de la chapelle.
21	V. Souche et tourelle de cheminées — tourelle de couronnement à créneaux.
22	VI. Élévation et coupe d'une fenêtre d'oriel en encorbellement.
23 et 24	VII-VIII. Planche double, représentant, en élévation, les façades de devant et de derrière de la tour d'entrée, ainsi que les plans de cette tour aux divers étages.
25	VIIII. Détails de l'ornementation de cette même tour, tels que dais et cul-de-lampe de niche, etc.
26	X. Autres détails, tels que couronnements crénelés, voûte d'arête du porche, etc.

Collége de Brazennose.

27	I. Élévation et coupe du compartiment de façade qui comprend la principale porte d'entrée.

Église de St.-Pierre.

28	I. Portail sud. — Élévation, coupe et plan de sa façade.
29	II. Coupes longitudinale et transversale du porche intérieur — plan et façade occidentale du même porche.

Église de Sainte-Marie.

30	I. Façade d'une travée de la nef — détails de fenêtre.
31	II. Façade d'une travée du chœur — détails de sa fenêtre.
32	III. Stalles en pierre, dans le chœur, pour les célébrants.

LONDRES. *Église Sainte-Catherine , à Tower-Hill.*

33   I. Couronnement de stalles — son élévation , sa coupe et ses détails.

HERTS.   *Abbaye de St.-Alban.*

34   I. Portes en chêne de la chapelle et d'une chantrerie,

SURREY.   *Église de Beddington.*

35   I. Ecran fermant une travée latérale du chœur — détails y relatifs.
36   II. Tombeau de sir Richard Carew.

Manoir de Beddington.

37   I. Serrure en fer doré de la porte de la Halle (Grande Salle)—plusieurs pièces de serrurerie faisant partie de la collection de M. Pugin.

Palais archi-épiscopal de Croydon.

38   I. Coupe transversale de la grande halle et de son porche — plan et détails d'idem.
39   II. Coupe longitudinale , élévations intérieure et extérieure d'une travée, et détails d'une fenêtre de cette halle.
40   III. Fenêtrage de la salle des gardes — détails y relatifs.

Chapelle du même palais.

41   I. Deux demi-coupes transversales (l'une prenant jour au levant et l'autre au couchant) -- plan de la chapelle -- lambris en boiserie.
42   II. Coupe longitudinale d'une travée -- coupe longitudinale d'ensemble -- résumé et détails amplifiés d'un écran en bois.

KENT.   *Palais d'Eltham.*

43   I. Plafond en voûte d'arête à nervures d'une baie geminée de la halle (côté nord.)
44   II. Plafond en voûte d'arête à nervures d'une baie geminée de la halle (côté sud) -- diverses coupes et élévations d'idem.
45   III. Fenêtrage d'ensemble de la halle (vu de l'intérieur) — réseau du tympan et autres détails d'une fenêtre -- cul-de-lampe d'une retombée de comble.

46 et 47	IV et V. Planche double, représentant une grande coupe transversale de la halle et de ses appendices — coupe longitudinale d'une travée — plan d'un compartiment d'entre-combles — plan général de la halle.
48	VI. Porte nord de la halle — ses détails.
49	VII. Pendentifs, arcs-boutants d'entrait et de faux-entrait, et autres détails d'un comble en charpente de la halle.

NORFOLK. *Eglise de Old-Walsingham.*

50	I. Bancs-d'œuvre en chêne sculpté — leurs détails.

Eglise nouvelle de Walsingham.

51	I. Plafond ornementé en chêne du bas-côté sud — compartiment et détails du même plafond, à échelle amplifiée.

Eglise de Fakenham.

52	I. Portail du couchant — élévation et coupe.
53	II. Elévation, coupe, plan, dais et cul-de-lampe d'une niche.

Manoir d'Oxborough.

54	I. Façade de devant de la tour d'entrée — élévation et coupe.
55	II. Tourelle flanquante, en encorbellement, avec créneaux, mâchicoulis et meurtrières.
56	III. Coupe transversale, plan du rez-de-chaussée et plan du premier étage de la tour d'entrée.
57	IV. Façade de derrière de la tour d'entrée — plan du couronnement crénelé de cette tour — plan général du manoir.
58	V. Détails divers de la façade de devant de cette même tour d'entrée.

Manoir de Wolterton ou d'East-Basham.

59	I. Grande façade du sud — élévation et plan.
60	II. Façade de devant du porche d'enceinte — élévation et coupe — plan du porche.
61	III. Façade de derrière du même porche — élévation et coupe.

TYPES D'ARCHITECTURE.

62	IV. Élévation et coupe du porche de la grande façade sud du manoir.
63	V. Fenêtrage de l'aile occidentale d'idem.
64	VI. Elévation et coupe du donjon enclavé dans la grande façade du manoir.
65	VII. Elévation et plan : 1° d'une tourelle du donjon, 2° d'une tourelle du porche d'enceinte.
66	VIII. Détails d'ornementation de la façade du devant du porche d'enceinte.
67	IX. Souche de cheminées adossée au mur de pignon de la halle.
68	X. Détails d'ornementation de cette souche.
69	XI. Détails d'ornementation de diverses façades du manoir.
70	XII. Fenêtrage des 1er et 2me étages du Donjon. — Détails d'ornementation d'idem et des tableaux de la porte principale d'entrée.

Manoir de Thorpland, près Fakenham.

71	I. Élévation et plan de la façade principale.
72	II. Élévation latérale d'une souche de cheminées en briques, adossée au mur du pignon oriental—élévation et coupe de la façade de pignon.
73	III. Elévation, coupe, plan et détails du porche.

Presbytère de Great-Snoring.

74	I. Élévation et plan de la façade du sud.— Fenêtre et corniche d'idem.
75	Porte en bois — ornements et corniche de la souche de cheminée adossée à la façade du sud—détails de la tourelle.

INTRODUCTION

ET

CONSIDÉRATIONS SUR L'ARCHITECTURE GOTHIQUE,

AINSI QUE SUR

SES IMITATIONS MODERNES.

Bien que l'ouvrage, que nous publions ici, forme un tout complet et indépendant, on peut cependant le considérer comme faisant suite à celui que nous avons précédemment mis au jour sous le titre de *Spécimens d'Architecture gothique* (1), car le plan des deux ouvrages est à peu près le même.

Dans le choix des sujets, nous avons donné la préférence à ceux que nous croyons être les plus propres à offrir d'utiles enseignements aux artistes modernes ; et c'est aussi pourquoi, laissant de côté les édifices qui appartiennent aux variétés primitives du style ogival (XIIme et XIIIme siècles), les *types* les plus anciens de cette galerie ne remontent pas au-delà du règne d'Edouard 1er (2). Aux critiques qui nous feront un grief de n'y avoir pas compris quelques spécimens du *gothique primaire*, dit *à lancette*, nous répondrons pour nous justifier, que cet ouvrage n'a pas pour objet une exhibition complète de toutes les transformations de l'architecture ogivale, mais seulement un choix de celles qui nous paraissent les plus dignes d'être imitées, surtout en ce qui concerne l'architecture domestique, dont les exigences, on le sait, se prêtent peu au style à lancette. C'est donc pour ce motif, et parceque l'architecture civile du moyen-âge est généralement

---

(1) Gothic Specimens — 2 vol in-4° — London 1825.

(2) Voir planche V du collége de Merton à Oxford, ainsi que la notice qui concerne cet édifice.

beaucoup moins connue que celle religieuse, que la plupart de nos *types* appartiennent à des constructions d'habitation.

Les colléges de l'université d'Oxford nous ont fourni un grand nombre de sujets, et nous aimons à croire que la grande beauté de ceux que nous y avons choisis, suffira pour justifier la préférence que leur avons donnée. Les juges les plus compétents sont en effet d'accord pour considérer comme de véritables chefs-d'œuvre du genre les ouvrages des savants et vénérables prélats Wykeham, Waynflete et Chichelé qui sont parvenus jusqu'à nous, en échappant soit aux injures du temps, soit aux dévastations des barbares, ou bien encore aux travestissements de restaurateurs ignorants.

Les palais épiscopaux d'Eltham et de Croydon, nous offrent de magnifiques spécimens de charpente ornementée ; c'est surtout dans le premier de ces édifices que se trouvent des fenêtres d'une exquise beauté. La grande entrée du château d'Oxborough est un superbe modèle d'architecture semi-crénelée, et l'on verra une charmante variété de riches détails dans les planches relatives aux manoirs de East-Basham et de Thorpland, ainsi que dans celles représentant le presbytère de Great-Snoring dans le Norfolkshire. Ce sont trois édifices complétement bâtis en brique et dont l'ornementation fait voir ce dont est capable un travail ingénieux et patient, même avec les matériaux les plus humbles et les plus ingrats. Loin de nous cependant la pensée de conseiller l'imitation de pareils ouvrages en brique ; mais nous croyons que l'on pourrait en tirer un excellent parti sur la pierre — matière qui, pour la couleur et la solidité des détails d'ornementation, aura toujours une incontestable supériorité sur la brique.

Afin de donner une connaissance plus complète des monuments et édifices auxquels nos *types* sont empruntés, nous avons fait précéder d'une exquisse historique la description des principaux sujets, et c'est aussi dans ce but que nous avons donné, d'une part, des plans d'ensemble à échelle réduite, et, d'autre part, des épures de détails, côtées et à échelle amplifiée.

Maintenant que notre plan et nos intentions sont expliqués, nous croyons à propos d'entrer dans quelques considérations historiques sur *l'architecture gothique*, dite *style à lancette*, ainsi que sur les imitations qu'on en fait de nos jours ; ce sera une continuation de ce que nous en avons déjà dit dans les *essais* servant de préfaces aux deux volumes des *specimens*.

Dans l'un de ces essais, nous avons comparé l'étude de l'architecture antique à celle des

INTRODUCTION.

langues mortes, et cité quelques analogies pour mettre en évidence les principes de la composition. Une autre comparaison tout aussi juste, c'est celle de nos *specimens et types* d'architecture gothique avec les mémoires autobiographiques, lettres autographes, testaments et autres documents authentiques de l'histoire ; et comme conséquence immédiate de cette similitude, nous nous permettrons de mettre sur la même ligne les livres modernes à images d'architecture et les romans historiques, ainsi que ceux de pure imagination. Ce serait se tromper que de nous supposer ici l'intention de contester le mérite de ces publications à images, ou de leur susciter une envieuse concurrence : ce que nous en disons a uniquement pour but de faire sentir, au point de vue de l'art, la différence radicale qui existe entre l'un et l'autre genre d'ouvrages. Comme la fidélité est le principal mérite de toute publication archéographique, nous nous sommes fait un devoir de reproduire chaque sujet dans toute sa vérité historique, c'est-à-dire de dessiner exactement tels qu'ils existent les édifices ou parties d'édifices parvenus jusqu'à nous dans leur intégrité, et de reconstituer, d'après les reliques qui en sont encore debout, ceux de ces monuments que le temps et le vandalisme ont battus en brèche ou dénaturés. On comprend aisément les nombreuses difficultés qu'entraîne après soi un tel mode de procéder ; et l'on conçoit aussi que, dans plus d'une occurrence, il a fallu, pour pouvoir atteindre au but, laisser quelque marge à l'imagination : sous ce dernier rapport, comme il se peut que, malgré tous nos soins et notre religieux respect pour la vérité historique, nous ayons commis quelques erreurs ou inexactitudes, nous réclamons donc un peu d'indulgence de la part de nos lecteurs.

Après l'intelligent accueil que nos *specimens* ont reçu dans le monde érudit, il serait superflu d'entrer ici dans de longues dissertations pour démontrer l'utilité de ce genre d'ouvrages. Il est incontestable que ce n'est qu'au moyen de plans exacts, de dessins géométraux et d'épures rigoureuses que l'on peut acquérir une parfaite connaissance de l'architecture du moyen-âge ; et il va sans dire qu'il a dû en être de même pour les ordres classiques de la Grèce et de Rome.

Fort peu d'artistes ont l'occasion ou se trouvent en position d'aller voir de leur propres yeux les œuvres originales qui doivent leur servir de modèles ; sans compter que l'ensemble des constructions gothiques, dont trois siècles de science et de ferveur religieuse ont enrichi l'Europe occidentale, comporte une si grande variété dans l'invention et une telle richesse d'ornementation, qu'il faut une main aussi exercée que patiente pour en reproduire une image géométrale, complète et fidèle. Il est en outre souvent nécessaire de comparer plusieurs sujets du même genre pour pouvoir en découvrir et élucider les principes de composition ; et c'est assurément au manque de pareils moyens de comparaison, qu'il faut attribuer les erreurs commises, dans leurs œuvres gothiques, par sir Christophe Wren, Hauksmoor, Kent et autres architectes des deux derniers siècles. De leur temps, les éléments du style gothique n'avaient point encore été recherchés ; on ne les connaissait que par une observation superficielle, et cette ignorance des vrais principes donna naissance à de choquantes monstruosités. On nous demandera peut-être : mais faudra-t-il donc toujours s'astreindre à l'imitation servile des modèles anciens ? Non, assurément non, car de pareilles entraves seraient absurdes ; mais puisque, à la honte de l'école gothique moderne, nous voyons surgir chaque jour, jusque dans la métropole même, tant de compositions mauvaises ou pour le moins vicieuses, il faut bien reconnaître qu'il nous reste beaucoup encore à apprendre, avant que nos œuvres en ce genre d'architecture puissent être mises en parallèle avec celles de nos ancêtres. Un excès de confiance dans un esprit d'invention, que n'éclairait pas le flambeau de la science, a produit une infinité de compositions hybrides que le bon goût réprouve. L'architecture gothique, telle que la concevait et pratiquait Batty Langley, est maintenant, grâce à Dieu ! universellement et justement condamnée (1) ; mais il est d'autres artistes qui doivent partager sa honte ; car, depuis la malheureuse publication des prétendus cinq ordres gothiques de cet hérésiarque, d'autres inventions tout aussi barbares sont sorties des cartons de certains architectes, qui ont sans nul doute eu maintes fois occasion de rougir de leurs premières œuvres. Malheureusement quelques-uns de ces déplorables ouvrages sont allés, en quittant le domaine de la librairie, se réfugier sous l'humble toit de l'artisan et du mécanicien, pour continuer à entretenir et propager le mauvais goût, précisément là où les correctifs pénètrent le plus difficilement et avec le plus de lenteur ! (2)

Depuis la renaissance du style gothique sous le règne de George III, ce beau genre d'architecture n'a fait que gagner du terrain dans la faveur publique ; et depuis quelques années

---

(1) *Principes et proportions de l'architecture gothique*, appliqués à un grand nombre de colonnes, etc., etc., suivi d'une dissertation historique sur ce genre d'architecture. par B. et T. Langley, 1741 et 1742. Le même B. Langley a aussi publié un *guide du constructeur* dans l'emploi des ordres grecs, romains et gothiques.

(2) Nous avons vu nous même tout récemment un ouvrier de talent occupé avec ardeur à modeler, d'après un détestable dessin, un spécimen de l'école gothique de Langley qui a été publié par un célèbre architecte. Au lieu de laisser tomber ce mauvais livre entre les mains de cet ingénieux ouvrier, son maître eût beaucoup mieux fait de le jeter au feu.

un grand nombre des châteaux habités par les deux aristocraties nobiliaire et financière ont été construits à l'imitation des manoirs, abbayes et hôtels des XVme et XVIme siècles. On a dépensé des sommes énormes pour restaurer et embellir le château royal de Windsor ; quelques-uns des principaux colléges d'Oxford ont été réparés avec un respect bien digne d'éloge pour leur caractère primitif, et l'on a fait disparaître de ces vénérables édifices les nombreuses et dégradantes sophistications que l'ignorance et le mauvais goût leur avaient antérieurement infligées ; l'université de Cambridge s'est enrichie de plusieurs constructions pleines de magnificence et dans le style du XVme siècle. Pour faire face aux besoins religieux de la population croissante de la métropole et de quelques villes de province, de nouvelles églises paroissiales et des chapelles ont été érigées conformément aux règles de notre vieille architecture gothique. On a continué la restauration de plusieurs cathédrales avec une louable libéralité et surtout avec un respect, jusqu'ici inconnu, des véritables principes architectoniques. Parmi ces nobles travaux, il faut mettre en première ligne la réédification du chœur de la cathédrale d'York qui avait été détruit par la torche incendiaire d'un fanatique. Grâce à la munificence publique qui a fourni les fonds à ce nécessaires, nous espérons voir bientôt ce superbe monument rendu à son ancienne splendeur. Les cathédrales de Winchester et de Peterborough, la collégiale de Beverley, ainsi que plusieurs autres églises importantes ont reçu des réparations très-considérables, et un grand nombre de nos vieilles églises paroissiales ont pris part à cet élan général d'amélioration.

De cette extension de la renaissance de l'architecture gothique, il est naturellement résulté, d'une part, que ses caractères et principes ont été plus attentivement étudiés ; et d'autre part, que la science a amélioré et étendu le goût artistique. Non-seulement on a condamné comme barbares et indignes du véritable génie, des anomalies aussi grossières que le sont la chapelle de Lincoln's-inn et les tours de l'abbaye de Westminster, mais on a aussi critiqué et qualifié d'hérésies les efforts impuissants qui ont été tentés par les quelques derniers architectes qui ont eu le triste courage d'admirer et imiter un style que Inigo John et sir Christophe Wren avaient ouvertement négligé et méprisé. Lorsque les cathédrales de Hereford, Durham, Salisbury et Lichfield furent ridiculement travesties à la façon de feu James Wyatt, il ne se trouva que quelques antiquaires de profession qui eurent le courage de faire des remontrances. M. Gough, sir Henry Englefield, le docteur Nilmer et John Carter critiquèrent ouvertement les grossières violations de l'antiquité commises dans ces temples ; mais leurs protestations furent généralement traitées de ridicules et soulevèrent même l'indignation. On s'était imaginé que Salisbury et Lichfield gagneraient beaucoup à la démolition des écrans de leurs autels, à l'ouverture des plus petites chapelles latérales et au déplacement des monuments funéraires, que l'on devait ensuite ranger en files symétriques loin des caveaux qu'ils recouvraient. Ces actes de vandalisme, ces profanations sacriléges trouvèrent des approbateurs, voire même des admirateurs nombreux, tellement le goût était alors faussé et l'esprit public entaché d'ignorance à ce sujet. Mais heureusement on fit une halte en ce chemin de déplorable innovation, et la cathédrale de Durham échappa en partie aux stupides améliorations projetées : le magnifique revers du maitre autel, le trône épiscopal, la chapelle de l'occident appelée la Galilée, et les neuf autels de l'apside orientale furent respectés, mais la salle capitulaire, qui était, dans son genre, un chef-d'œuvre sans égal, fut sacrifiée pour être remplacée par un vulgaire parloir carré ; et le crayon de l'infatigable John Carter a conservé pour la postérité tout ce qui reste de cet admirable édifice. De nos jours une pareille profanation ne pouvait rester impunie ou, du moins, elle devait devenir bientôt l'objet d'une sévère et générale réprobation ; et cela, parce que maintenant l'étude de notre vieille architecture n'est plus seulement du domaine de l'antiquaire, et que, devenue pour ainsi dire partie obligée d'une éducation complète, il n'est plus permis à un architecte, quel qu'il soit, de prétendre à la science de sa profession, s'il ne possède à fond les diverses variétés du style ogival.

S'il est vrai que l'architecture gothique a enfin atteint, partout où ses reliques existent encore, son ère de réhabilitation, toujours est-il que c'est en Angleterre qu'elle a fait le plus de progrès pratiques ; et ce qui le prouve d'une manière incontestable, c'est, d'une part, que l'on rencontre à peine sur le continent quelques édifices modernes construits dans ce style, et, d'autre part, qu'on n'y a fait jusqu'à ces derniers temps que de rares investigations relativement aux monuments du moyen-âge. Cette position arriérée de nos voisins, en fait d'archéologie chrétienne, est fâcheuse pour les Anglais qui en font l'objet de leurs études, car il est indubitable qu'il surgira de précieux enseignements sur la pratique architectonique du moyen-âge, quand l'étude du style gothique sera devenue générale sur le continent. Un point important qui est maintenant prouvé à toute évidence, c'est le peu de fondement de l'opinion avancée par certains écrivains anglais pour réclamer en faveur de notre nation l'invention de l'ogive, opinion en vertu de laquelle ils avaient cru pouvoir donner le nom d'*architecture anglaise* à tous les édifices où prévaut la forme ogivale. Malgré toutes

INTRODUCTION.

les recherches faites à ce sujet, l'origine de l'ogive reste toujours une question très obscure; mais le période de son avènement comme trait caractéristique dans l'architecture européenne semble avoir été déterminé d'une manière incontestable. En ce qui concerne les variétés du style ogival qui ont successivement prévalu en Angleterre, depuis sa première importation jusqu'au moment où ce style y tomba en complète désuétude, on en a minutieusement recherché les traces et constaté les âges respectifs, soit par le témoignage des archives historiques, soit par la voie d'analogies assez frappantes pour ne plus laisser place au doute; et quant à la question de savoir si les architectes de France ou d'Allemagne ont ou non devancé leurs confrères anglais dans le domaine de l'invention, c'est un point qui restera indécis jusqu'à ce que l'on ait étudié à fond les monuments de ces contrées, et exemplifié par des dessins géométraux leurs proportions et leurs détails; car si, d'une part, les descriptions verbales des voyageurs sont d'une utilité fort peu pratique, il est, d'autre part, bien rare que l'on puisse avoir confiance dans les vues perspectives qui sont publiées; ce qui s'explique d'ailleurs par cette considération que, dans des productions de ce genre, on attache beaucoup plus d'importance à donner une gravure qui plaise à l'œil, que l'on n'en met à rendre fidèlement l'édifice tel qu'il est en réalité.

L'ancienne architecture normande a été l'objet d'études consciencieuses; et, grâce aux travaux de quelques archéologues anglais, nos architectes connaissent plusieurs des principaux monuments de cette province française. Il faut espérer que ces premières investigations engageront la nation française à en entreprendre d'autres sur une plus vaste échelle. La sociétés des antiquaires de la Normandie a publié de son côté quelques essais illustrés sur l'histoire monumentale de cette contrée; mais il n'en reste pas moins constant que la France en est encore à ses débuts dans l'étude de l'architecture gothique et qu'elle s'y est laissé distancer d'un demi-siècle par l'Angleterre. En Allemagne non plus, les recherches n'ont pas été poussées bien loin; toutefois parmi les résultats obtenus, il s'en trouve quelques-uns d'un très haut intérêt, notamment la découverte des plans originaux de plusieurs monuments gothiques d'une grande splendeur; et à ce propos, il est vraiment étonnant que les archéologues anglais ne soient encore parvenus à retrouver que fort peu de documents de l'espèce pour les temps antérieurs au règne d'Elisabeth, bien qu'il soit indubitable qu'un grand nombre des plans de nos anciens édifices ont, avant les ravages du XVIe siècle, été conservés dans les bibliothèques des cathédrales, monastères et colléges.

La comparaison du style des cathédrales et autres principaux monuments gothiques du continent avec celui des édifices du même genre que possède l'Angleterre, serait une étude pleine d'intérêt ; mais comme le cadre restreint du présent essai ne comporte même pas un aperçu fugitif de cette belle question, nous ne l'aborderons pas, et nous terminerons ici nos considérations sur l'architecture gothique.

Édouard James WILSON.

TYPES
D'ARCHITECTURE GOTHIQUE.

COLLÉGE DE MERTON A OXFORD,

FONDÉ EN 1264.

La chapelle ou plutôt l'église du collége de Merton appartenait originairement à la paroisse de St-Jean-Baptiste, et ce fut Olivier Sutton, évêque du diocèse de Lincoln, dont Oxford faisait alors partie, qui la concéda en 1292 à ce collége, en réservant toutefois aux gens de la paroisse le droit de la fréquenter ; de sorte que, alors comme aujourd'hui, cette église était à la fois collégiale et paroissiale.

L'aspect de ce monument est aussi solennel qu'imposant ; il se compose d'un chœur terminé par un transsept au couchant, et d'une tour qui s'élève à leur intersection ; en sorte que la nef seule manque pour que le plan en soit cruciforme. On voit, par la grande arche sur laquelle s'appuie la face occidentale de la tour, que l'intention de l'architecte était d'y construire une nef ; et deux arches latérales de moindre dimension indiquent aussi qu'il avait projeté de la flanquer de bas-côtés, bien que le chœur et le transsept n'en soient point entourés. Il n'existe aucuns débris ni archives qui puissent faire supposer que cette partie de l'église ait jamais été achevée. Le chœur a probablement été érigé peu après la cession de l'église au collège, car son architecture est dans le style du siècle d'Édouard I. Le transsept paraît n'avoir été construit que cent ans plus tard au moins ; mais il y a tant d'harmonie dans les proportions de l'ensemble, que l'œil n'est point choqué par la dissemblance des détails. Le savant antiquaire Anthony-à-Wood a découvert un procès-verbal de la consécration de ce temple portant la date de 1424, ce qui tendrait à prouver que son achèvement ne remonte pas au delà de cette époque.

Comme deux anciens recteurs du collége de Merton se sont rendus célèbres par leurs talents en architecture, on suppose qu'ils ont pris part à l'édification de l'église. Le premier fut William Rede, qui fonda la bibliothèque en 1376, et qui, devenu plus tard évêque de Chichester, fit construire, en 1396, le manoir d'Amberley dans le Sussex; et le second, Thomas Rodburne, qui mourut en 1442 dans son évêché de St-David. C'est par lui que fut érigée vers 1416 la tour nord de l'entrée du collége; et on lui attribue en outre, quoique sans autres preuves que de simples conjectures, le clocher de l'église (1).

N° 2 Planche I. — Élévation extérieure d'une travée — côté oriental du croisillon nord.

Chacun des croisillons du transsept comporte deux travées de chaque côté du chœur. Celle ici représentée appartient au croisillon nord.

Figure N° 1. — Élévation de l'ensemble avec le double contre-fort à l'angle.
» » 2. — Coupe de la fenêtre et élévation latérale du contre-fort.
» » 3. — Détails du pinacle — (échelle amplifiée).
» » 4. — Coupes des tableau, ébrasement, appui en talus et allège de la fenêtre, avec indication des galbes de leurs moulures.

N° 3. Planche II. — Portail du croisillon nord du transsept.

Le dessin de l'arcade de ce portail est aussi remarquable par la beauté des proportions que par le fini des moulures; aussi n'a-t-on donné ici qu'une partie de l'ensemble, afin d'avoir plus de place pour les épures des détails.

N° 4 Planche III. — Spécimens de vitraux colorés.

Les fenêtres latérales du chœur ont conservé en grande partie leurs vitraux originaux. Ces verrières sont d'une grande élégance de dessin; et ce qui en fait de précieuses reliques pour l'archéologue, c'est qu'elles appartiennent à la première période de la peinture sur verre. Les principaux jours représentent de petites figures de saints, coloriées et cou-

---

(1) Anthony-à-Wood nous apprend que, lorsqu'on refondit, en 1657, les 5 cloches de cette église pour en faire 8, en trouva inscrit sur l'une d'elles le nom du Dr. Henry Abendon qui avait été élu recteur en 1421; et que c'est sous son administration, et fort peu de temps après l'achèvement du chœur que ces cloches y avaient été placées. Les pinacles et créneaux de ce clocher ont une si grande ressemblance avec ceux de la grande tour du collége de la Madeleine, que l'on serait tenté de leur donner le même âge, si des documents authentiques ne prouvaient le contraire : il ressort, en effet, des registres cités par le Dr. Chandler dans la biographie qu'il a écrite de William de Waynflete, évêque de Winchester et fondateur du collége de la Madeleine, que la 1re. pierre du clocher fut posée le 9 août 1492, et que celui-ci était à peine achevé en 1505; ce qui oblige à supposer que le plan en avait été fait longtemps avant que l'on en entreprît la construction.

TYPES D'ARCHITECTURE.

rounées de daïs ou encadrées dans des tabernacles, le tout se détachant sur des fonds à compartiments géométriques, très-variés de composition et tout diaprés de branches et de feuillage d'une grande délicatesse. Chaque jour a pour encadrement de riches bandes, coloriées et ornementées de feuilles et de figures héraldiques ; et les verres blancs des fonds sont parsemés de rosaces et de petits compartiments coloriés et très-variés. Les spécimens, que nous en donnons ici, ont été peints d'après nature pour plus de fidélité et d'exactitude. On croit que le petit portrait en médaillon, qui figure dans l'un de ces spécimens, est celui de la Reine Eléonore, cette épouse bien aimée, en mémoire de laquelle Edouard I fit ériger à Waltham et en d'autres lieux les célèbres croix qui portent le nom de cette princesse. Le fait est que ce portrait ressemble aux statues d'Eléonore, et cette opinion est d'ailleurs confirmée par l'écusson aux armes de Castille qui se trouve reproduit en plusieurs endroits de l'encadrement de la fenêtre en question. (1)

N° 5. Planche IV.—Elévation extérieure d'une travée du chœur—côté latéral nord.

Les sept baies que comporte chaque côté du chœur sont toutes de même grandeur et ont les mêmes proportions générales, mais elles diffèrent entre elles par les réseaux de tympan.

La travée complète, qui est ici donnée en élévation extérieure avec coupe et détails amplifiés, appartient au côté du nord. Si on la compare avec celle du transsept (pl. II), on remarque une sensible différence de style entre le chœur et le transsept. Dans le premier, le dessin est hardi et vigoureux, tandis que, dans le dernier, on est surtout frappé par le caractère plein de goût et de délicatesse des détails à moulures. Le cordon qui longe la base du parapet du chœur est sculpté de la manière la plus curieuse.

---

(1) La Reine Eléonore accompagnait Edouard dans une de ses expéditions contre les Ecossais, lorsque, tombée subitement malade à Harby, (obscur hameau situé à 5 milles environ de Lincoln sur les limites du Nottingham) elle y mourut en 1290. Quelques détails du chœur de Merton ont des rapports de ressemblance avec ceux *des croix de la Reine*, notamment à l'intérieur de l'autel, où se trouve un grossier monument funéraire, érigé à sir Henry Saville et pour le placement duquel on a en partie détruit les élégantes stalles en pierre qui sont adossées à la muraille du sud.

COLLÉGE DE BAILLIOL A OXFORD.

FONDÉ EN 1282 (1).

Les anciens bâtiments de ce collége ont été tellement mutilés, qu'il en reste à peine de quoi fournir un type pur à notre architectonographie. La tour d'entrée et la moitié environ du quadrangle datent du XVe siècle. Ce qu'on en voit encore suffit pour donner une idée de l'élégance de leur style originel ; mais ce qui nuit surtout à l'effet de l'ensemble, c'est le remplacement, exécuté il y a un siècle environ, du côté oriental du quadrangle par une laide et lourde construction à la moderne.

Heureusement pour l'Antiquaire, la délicieuse fenêtre d'oriel en encorbellement (2) que nous reproduisons ici, a échappé presque sans atteinte aux injures du temps et des Vandales, sauf cependant que son ancien parapet de couronnement a disparu sous celui à simples embrasures qui s'y trouve maintenant (3). Cette fenêtre orne la façade nord du quadrangle et éclaire une chambre attenante au haut bout de la halle ou grande salle. On voit, par les armes sculptées sur les encorbellements ou pendentifs, qu'elle fut érigée, de 1454 à 1478, par William Grey, évêque d'Ely et ancien lord trésorier d'Angleterre.

Ce prélat qui était de la noble famille des lords Grey de Codnor, a contribué à la fondation de ce collége en souvenir des premières études qu'il y avait faites.

Il serait bien difficile de trouver une fenêtre d'oriel plus remarquable, tant par la beauté de la composition que par la richesse de l'ornementation. Ses proportions sont parfaites, et la délicatesse de sa broderie sculptée a plus d'un rapport avec le luxuriant style corinthien. (4).

N° 6. PLANCHE I.— Élévation extérieure et projection horizontale ; une moitié de celle-ci montre le plan, et l'autre moitié, la broderie de l'encorbellement.

---

(1) Ce collége fut fondé par John Bailliol, père de Bailliol, roi d'Ecosse.

(2) Un Oriel est un petit oratoire pratiqué dans l'épaisseur d'un mur.

(3) L'auteur de cette réparation ou plutôt de cette altération est feu James Wyatt, architecte.

(4) Il se trouve au collége de Lincoln une fenêtre du même style et qui lui ressemble aussi dans la plupart des détails.

COLLÉGE DE BAILLIOL A OXFORD. 19

N° 7. Planche — II. Coupe faisant voir : la saillie de la fenêtre sur le mur de façade, son élévation au-dessus du plancher de la chambre, les moulures de son plafond intérieur, ainsi que d'autres détails qui ne demandent pas d'explications.

NOUVEAU COLLÉGE D'OXFORD.

FONDÉ EN 1379.

William de Wykeham, évêque de Winchester, fut très-renommé en son temps pour ses talents dans la pratique architecturale ; ce dont témoignent encore aujourd'hui plusieurs monuments pleins de grandeur qu'il a conçus et exécutés. Non moins éminent par sa science que par sa piété, il encouragea les arts et dota son pays de plusieurs fondations pieuses dont le *Nouveau Collége* d'Oxford fut la plus importante. Aucun établissement de ce genre n'avait, jusque là, été conçu sur une aussi vaste échelle ; aussi servit-il de modèle pour plusieurs autres colléges. Commencé en 1380, il fut solennellement inauguré en 1386, mais plusieurs bâtiments qui le composent, ne furent achevés que quelques années plus tard. Malheureusement, les extensions et restaurations qu'il a subies successivement jusqu'à nos jours, et pour lesquelles les exigences de l'art ont été sacrifiées aux commodités de l'occupation, ont complétement dénaturé le caractère original de ce vaste et magnifique édifice, à l'exception toutefois des cloîtres qui sont restés intacts et tels qu'ils étaient en 1400, époque à laquelle ils furent consacrés à la sépulture des membres de la corporation collégiale. L'architecture de ces cloîtres, quoique simple, est d'un très bon style : ils entourent un préau rectangulaire et se composent de quatre galeries voûtées en charpente et à nervures.

N° 8. Planche I.—Elle donne la façade, le plan et une coupe de deux travées contiguës des cloîtres.

Le pieux fondateur n'a rien épargné pour rendre la chapelle digne de sa destination ; elle est aussi remarquable par la noblesse de sa structure que par l'harmonie de ses proportions.

Fortement endommagée au temps de nos guerres civiles et religieuses, elle eut ensuite à subir de nombreuses restaurations de fort mauvais goût et dans lesquelles le caractère primitif de son architecture fut complétement altéré ; mais, depuis quarante ans environ, la corporation du collége a résolu de lui rendre son ancienne beauté, et cette mission délicate a été confiée à l'un des architectes alors le plus en renom dans les trois Royaumes. (1).

Un nouveau plafond a été construit ; on a fait disparaître de la décoration intérieure plusieurs meubles de style incongru qui y faisaient tache, et de nombreuses réparations de détail ont complété cette restauration ; mais, quelque brillante que soit actuellement cette chapelle dans son ensemble, les véritables adeptes de l'art ancien ont cependant le regret d'y découvrir encore maintes sophistications de ce style si pur qui caractérise les œuvres de Wykeham.

N° 9. PLANCHE II.— Elle reproduit quelques détails choisis de l'ornementation du gable occidental de la chapelle ; ils sont rendus de manière à ce qu'on puisse, sans plus d'explications, en apprécier toute la beauté.

COLLÉGE DES AMES A OXFORD.

FONDÉ EN 1437.

Henry Chichelé, archevêque de Canterbury, suivit dans la fondation de ce collège le noble et généreux exemple de William de Wykcham. Ce prélat était fort avancé en âge lorsqu'il commença cette fondation ; élevé à Winchester et au nouveau collège d'Oxford, il y avait personnellement connu Wykcham et avait alors été l'objet de ses bontés (2).

La première pierre du collége des Ames fut posée le 10 février 1437, et son

---

(1) Feu M. James Wyatt, qui fut aussi chargé vers la même époque de la restauration des cathédrales de Salisbury, Hereford, Lichfield, et, plus tard, de celle de Durham.
(2) Né en 1362 et nommé évêque de St-David en 1407, il fut promu en 1414 au siége métropolitain de Canterbury. Ce prélat s'est montré presque l'égal de l'illustre Wykeham par ses œuvres en architecture, ainsi que par les établissements d'éducation et de charité qu'il fonda. C'est à lui qu'est due la richesse ornementale de la cathédrale de Canterbury, ainsi que la bibliothèque qu'elle possède ; il contribua à la construction du pont de Rochester et à celle de l'église de Croydon ; il agrandit et embellit considérablement le palais de Lambeth ; il fonda et dota un collége paroissial à Higham Ferrars, lieu de sa naissance, dans le comté de Northampton ; enfin, avant de fonder à Oxford son grand collége des âmes, il y avait déjà établi un autre petit collége pour les élèves de l'ordre monastique de Citeaux. Mort en 1443, cet éminent prélat fut enterré dans la cathédrale de Canterbury, où se trouve encore son somptueux mausolée.

inauguration eut lieu en 1442. La chapelle fût consacrée durant la même année ; mais l'ensemble des constructions ne fut achevé qu'en 1444.

John Druel, vicaire-général d'Exeter et Roger Keyes, tous deux maitres-ès-arts au dit collége, furent chargés par le fondateur de la direction des travaux. La dépense s'éleva, rien que pour la bâtisse, à 4186 livres 5 shillings 3 1|4 deniers — somme équivalente au moins à 100,000 livres sterling actuelles. En ce qui concerne la composition générale de l'édifice et la distribution des principaux appartements, on semble avoir suivi pour le plan du collége des Ames celui du nouveau collége d'Oxford ; mais les architectes ont judicieusement tenu compte de la différence des sites, et se sont conformés pour l'ornementation au style qui prédominait à leur époque.

N° 10. PLANCHE I. — Entrée principale du collége.

Cette tour d'entrée est aussi admirable par l'élégance de ses proportions que par la correction et la délicatesse de ses ornements. Elle fait partie de l'ancien quadrangle occidental, dont le côté nord est occupé par la halle et la chapelle. Les statues qui garnissent les niches inférieures de la façade extérieure, sont celles de Henri VI alors régnant et du fondateur Chichelé ; le bas-relief de la niche supérieure représente deux Anges en prière pour le salut d'un groupe d'âmes que l'on voit enveloppées de flammes au pied du tableau : c'est une allusion à l'une des intentions qu'avait ce pieux archevêque en fondant son collége, et qui consistait, ainsi que l'indique le nom qu'il lui a donné, à y faire prier pour les fidèles trépassés.

La façade de cette tour qui donne sur le quadrangle est moins ornementée que celle donnant vers la rue, mais elles sont l'une et l'autre en parfaite concordance de style, ainsi qu'on en peut juger par la figure 2 de la planche.

N° 11. PLANCHE — II. Une travée de la chapelle.

On a compris dans la coupe de cette travée une console d'entrait et une partie du comble de la charpente ornementale, en chêne sculpté, qui forme le plafond de la chapelle. Les fenêtres rappellent les ogives aplaties de la période primaire (1).

---

(1) Cette observation n'est exacte qu'en ce qui concerne les fenêtres, car l'*arc aplati*, appelé aussi *arc Tudor* ou *arc gothique surbaissé*, était usité longtemps avant la période ogivale primaire dans la construction des porches et passages, et cela parceque la voûte qu'il engendre convient beaucoup mieux à cette fin que celle qui a pour génératrice l'arc pointu ou ogive aigue.

Les créneaux, pinacles et détails de moulures sont tous dessinés avec netteté et précision, ainsi que le montrent les profils qui en sont ici donnés à l'échelle amplifiée.

N° 12. Planche III. — Voûte d'arête du passage qui mène à la chapelle.

Cette voûte, communément appelée voûte d'arête en éventail, est un beau spécimen qui prouve la puissance d'exécution et le goût que mettaient les maçons du XV° siècle dans cette branche si difficile de l'art architectural. S'il était question d'un pareil voûtage dans un édifice moderne, on l'exécuterait assurément en bois et en plâtre, — matériaux dont l'emploi exige comparativement peu de travail et de science ; tandis que pour le construire en pierre, il faudrait non-seulement posséder à fond la géométrie descriptive, mais encore — et c'est là que gît surtout la difficulté pratique — savoir en combiner les principes avec la richesse ornementale déployée dans ce beau spécimen.

La planche expose d'une manière si complète, comme ensemble et comme détails, les courbes variées des nervures, les joints de la maçonnerie, les moulures et leurs profils, qu'il serait superflu de faire ici une description verbale de cette admirable voûte.

N° 13. Planche IV. — Dossier des stalles en chêne de la chapelle.

Au temps où, en fait d'architecture, tout ce qui différait des *cinq ordres classiques*, était considéré comme indigne d'être étudié ou imité, le chœur de la chapelle du collége des âmes a subi de si nombreuses sophistications que les beautés de son style originel ont presqu'entièrement disparu sous une foule de décorations de mauvais goût. (1).

Cette planche reproduit une partie du dessin primitif : c'est un très élégant spécimen de *fronton courbe*, ou pour mieux dire, de ces couronnements pointus qui surmontaient les ogives en boiserie. Les détails en sont aussi remarquables par la simplicité et la convenance de leur disposition, que par leur hardiesse, leur richesse et leur nombre.

---

(1) Malgré les hérésies architecturales que nous blâmons ici, nous devons cependant avouer que nous n'avons pu nous-même nous défendre du charme que répand dans cette chapelle l'effet harmonieux des peintures tout à la fois riches et sobres dont on l'a décorée et qui y sont relevées par des ornements en or.

COLLÉGE DE St-JEAN, A OXFORD.

FONDÉ EN 1555.

Il fut fondé, au temps de la Reine Marie, par sir Thomas White, riche marchand et échevin de Londres, qui dépensa des sommes immenses en charité publique; mais parmi les bâtiments qui composent ce collége, il en est plusieurs, nommément la tour d'entrée et le premier quadrangle, qui sont les restes d'un collége plus ancien, fondé par l'archevêque Chichelé, pour l'ordre monastique de Citeaux et qui avait été supprimé par Henry VIII, ainsi que tous les autres couvents. A la suite de cette suppression, le monastère cistercien devint d'abord collége de Christ-Church, et ce ne fut qu'en 1555 que sir Thomas White en fit l'acquisition pour le rebâtir sur un plus vaste plan et pour lui donner sa destination actuelle.

La tour d'entrée a tant de ressemblance avec celle du collége des Ames que l'on peut suivant toute probabilité les attribuer toutes deux au même architecte. La tour de St-Jean offre dans sa composition générale plus de simplicité que celle des Ames; elle n'a que trois étages, mais l'arcade de son portail montre plus de profondeur et une plus grande richesse d'ornementation; une autre différence encore, c'est que la fenêtre qui surmonte immédiatement ce portail, n'offre pas à l'œil le défaut de relief, l'espèce de placard trop nu que l'on peut reprocher à la fenêtre centrale qui porte sur l'arcade du collége des Ames.

Quoiqu'il en soit, ces deux tours sont de superbes spécimens d'un même style, et leurs dissemblances ne font qu'ajouter à l'intérêt qu'elles inspirent. Les deux niches latérales, qui sont restées vides de statuettes, devaient probablement, de même qu'au collége des Ames, recevoir celles du Roi régnant et du fondateur; quant à celle qui décore la niche centrale supérieure, on croit y reconnaître St-Bernard, le réformateur de l'ordre des moines de Citeaux et par conséquent aussi le patron du couvent dont ce collége a pris la place.

N° 14. Planche I. — Fig. 1. Façade extérieure.

      Fig. 2. Coupe d'idem.

       » 3. Plan du porche et de son voûtage.

N° 15. Planche II. — Voûte d'arête, à nervures et pendentifs, du passage qui mène au jardin.

Ce voûtage, quoique de même style que celui du collége des Ames (Pl. n° 11), en diffère cependant par certains détails de son ornementation, surtout par ses clefs en pendentifs — genre d'ornement qui ne prit naissance que dans la seconde moitié du XVe siècle, et qui fut quelquefois appliqué, surtout dans le siècle suivant, avec une habileté et une hardiesse qui en font de véritables merveilles de stéréotomie (1).

Il serait superflu d'entrer ici dans de plus amples explications, car les nombreux détails que comporte la planche doivent suffire pour donner l'intelligence complète du mode de construction et d'ornementation de cette curieuse voûte.

N° 16. Planche III. — Types de boiserie ornementée.

La partie supérieure de cette planche représente, d'une part, la porte d'entrée du collége de St-Jean et, d'autre part, la broderie du tympan de l'un des ventaux, ainsi que le profil amplifié des arêtes verticales qui partagent la porte en panneaux.

La partie inférieure reproduit, dans leurs détails d'ornementation, d'anciennes stalles de la chapelle du collége de Merton. Ces stalles doivent être de la même époque que le transsept, car leur style est évidemment de beaucoup postérieur à celui du chœur (2).

---

(1) Les plus beaux spécimens de voûtage à pendentifs sont, en Angleterre, ceux des chapelles royales de Windsor et de Westminster; il en existe aussi de très-richement ornés à l'école de la Divinité ainsi qu'à la cathédrale de Christ-Church, à Oxford. La France en possède plusieurs exemples plus remarquables encore par la hardiesse de leur disposition, car les pendentifs y descendent des voûtes comme de longues stalactites. La voûte du collége de St-Jean, dont il s'agit ici, est attribué à Inigo Jones, célèbre architecte qui, sous le règne de Charles I, fut chargé par l'archevêque Laud de construire la bibliothèque, ainsi que d'autres parties du quadrangle intérieur de ce collége.

(2) Le chœur de cette chapelle a reçu, au commencement du dernier siècle, de nouvelles stalles et un nouvel ameublement qui sont décorés de corniches et pilastres d'ordre corinthien; mais comme quelques-unes des stalles anciennes ont été conservées dans le transsept, c'est là que nous avons pu choisir notre modèle.

COLLÉGE DE LA MADELEINE, A OXFORD,

FONDÉ EN 1457.

Les anciens bâtiments de ce collége sont de très-beaux spécimens de l'architecture du XVe. siècle ; l'effet qu'ils produisent en différents points de vue est singulièrement rehaussé par l'heureux choix de leur site ouvert et étendu. On conçoit que ces vénérables édifices n'ont pu parvenir jusqu'à nous sans avoir subi de nombreux outrages ; ils ont même été menacés d'une démolition complète pour faire place à des constructions modernes ; toutefois, les reliques qui en existent encore se trouvent dans un meilleur état de conservation que celles du *Nouveau Collége* et de celui *des Ames* ; et nous avons tout lieu d'espérer que la savante corporation qui en est maintenant propriétaire aura le bon goût de conserver à ce magnifique monument son caractère architectural primitif.

Le collége de la Madeleine fut fondé, en 1457, par William de Waynflete, évêque de Winchester, sur l'emplacement d'un ancien hôpital, consacré à St.-Jean-Baptiste, et qui avait été converti en collége après que les frères hospitaliers l'eurent abandonné (1).

A cause de la guerre civile, dont la rivalité des maisons d'York et de Lancastre désolait alors l'Angleterre, Waynflete ne put commencer l'édification de son collége que longtemps après qu'il y avait été autorisé par patente royale : la pose solennelle de la première pierre, à l'endroit où devait s'élever le maitre-autel, n'eut en effet lieu que le 5 mai 1474, et l'on voit, d'après les contrats d'entreprise que ce

---

(1) Suivant une vieille coutume normande, alors encore suivie dans le clergé, William avait pris le surnom de *Waynflete*, d'après le lieu de sa naissance, port de mer du comté de Lincoln. Il avait fait ses études aux colléges fondés à Winchester et à Oxford par Wykeham, et il était, depuis plusieurs années, professeur au premier de ces instituts, lorsque, en 1440, Henri VI l'appela à l'une des chaires du Collége royal qu'il venait de créer à Eton. Pour récompenser Waynflete de la constante fidélité qu'il lui avait montrée dans toutes les vicissitudes de son règne, ce prince infortuné l'honora toujours de sa confiance et lui en donna une dernière preuve en le nommant son exécuteur testamentaire. Waynflete tenait depuis quelque temps la charge de recteur au collége d'Eton, lorsqu'il fut élevé, en 1447, au siége épiscopal de Winchester, qu'il sut occuper avec une prudence consommée pendant plusieurs années, malgré les troubles politiques de l'époque. Il termina sa digne et noble carrière en 1486, et fut enterré dans la cathédrale de Winchester, sous un autel-tombe d'une exquise architecture. Voir la vie de ce prélat par Richard Chandler.)

prélat passa, de 1475 à 1479, avec son principal maître-maçon (1) pour l'achèvement de la tour d'entrée, de la chapelle, de la halle, de la bibliothèque et du fenêtrage, que son intention était d'imiter les plans du Collége des Ames dans l'ordonnance générale, ainsi que dans le style ornemental de celui de la Madeleine.

La tour d'entrée est située à l'occident; le quadrangle, auquel elle donne accès, est entouré de cloîtres; ceux-ci sont surmontés d'un étage, à l'exception cependant du côté où la halle et la chapelle viennent s'y adosser.

La chapelle se compose d'un chœur sans pourtour et d'une courte nef flanquée de bas-côtés simples. Ces bas-côtés ont même hauteur que la nef et en sont séparés par deux arcades portant sur deux hautes colonnes. Le chœur était autrefois meublé de stalles pour les membres du clergé et du collége; à son haut bout, se trouvait le maître-autel pour y chanter la grand'messe; le mur apsidal n'avait pas de fenêtres, mais il était orné de broderies rehaussées par des niches et statuettes richement sculptées; enfin, plusieurs autels, élevés dans les travées des bas-côtés et destinés à la célébration des messes basses, complétaient la disposition intérieure de cette chapelle au temps de sa fondation.

La halle, ou grande salle des cérémonies collégiales, a mêmes hauteur et largeur que la chapelle, et se rattache à l'extrémité orientale de celle-ci. Vis-à-vis de l'entrée principale et de l'extrémité occidentale de la chapelle, se trouve une cour extérieure, entourée de bâtiments; et en face de *High-Street*, au sud de la halle et de la chapelle, on voit encore d'autres grands bâtiments, parmi lesquels se fait remarquer la noble et haute tour à cloches.

Ce serait sortir de notre cadre que de pousser plus loin cette esquisse historique et descriptive du magnifique Collége de la Madeleine; il suffira, pensons-nous, de ce qui précède pour que l'on puisse se faire une idée de son vaste ensemble et apprécier la haute valeur des types que nous avons empruntés à son architecture primitive et qui font l'objet des planches suivantes.

N°. 17. Planche I. — Portail à l'occident de la chapelle.

Comme la façade occidentale de la chapelle fait partie du principal groupe des bâtiments de la cour extérieure, l'architecte a déployé dans l'ornementation de son portail toute la richesse qu'il convenait d'y mettre: il serait difficile, en effet, d'imaginer rien

---

(1) Ce maître-maçon s'appelait William Orchyerd.

de plus élégant que l'ensemble et les détails de ce portail, alors surtout que l'on tient compte de l'exiguïté de ses proportions. Des cinq statuettes qui ornent les merlons du couronnement crénelé, celle centrale représente Ste.-Marie-Madeleine, patronne de l'établissement; on croit reconnaître, dans celle intermédiaire de droite, le roi Henri VI, bienfaiteur de Waynflete, et, dans son pendant de gauche, l'évêque William de Wykeham, dont il fut le protégé et l'ami; quant aux figures des niches extrêmes, celle à droite représente St.-Jean-Baptiste, patron de l'ancien hôpital que le collége a remplacé, et celle à gauche, le pieux fondateur lui-même dans l'attitude agenouillée, ainsi que nous le verrons plus loin dans l'une des niches de la tour d'entrée. Au centre des rosaces polylobées qui décorent les panneaux attenant à la niche centrale sont sculptés, d'un côté, les insignes royaux d'Édouard IV, qui régnait à l'époque de la construction de ce collége, et, de l'autre côté, les insignes épiscopaux de Waynflete; ce que confirment les écussons armoriés de ces mêmes personnages qui remplissent les tympans correspondants du portail.

N°. 18. PLANCHE II. — Coupe et moulures du portail.

Cette coupe complète et centrale, ainsi que le plan de l'ébrasement de ce portail, suffisent pour faire apprécier la beauté de son dessin général, et les profils, à échelle amplifiée, qui sont mis en regard, font parfaitement connaître l'élégance de ses moulures.

N°. 19. PLANCHE III. — Détails ornementaux du même portail.

A la partie supérieure de cette planche sont représentés, en élévation et coupe, le dais et la base de l'une des niches du couronnement crénelé, ainsi que les figurines en haut-relief qui soutiennent le chambranle du portail. Ces figurines sont des anges aux ailes éployées, dont l'un, vêtu d'une aube, maintient un écusson aux armes de Waynflete, tandis que l'autre, couvert de plumes (ainsi qu'on avait coutume, au XV°. siècle, de représenter les créatures célestes), porte en ses mains une longue branche de lis, fleur emblématique que Waynflete affectionnait. (1)

---

(1) C'était probablement de sa part une allusion pieuse à la salutation de Marie par l'ange Gabriel : on sait, en effet, que les anciens artistes représentaient ordinairement cet ange avec un lis blanc à la main, comme emblème de pureté virginale; et l'on sait aussi que dans la peinture du moyen-âge, surtout en Espagne, on donnait pour insignes à la mère du Christ une branche de lis issant d'un vase à deux anses, emblème exprimant hiéroglyphiquement l'incarnation d'un Dieu conçu d'une Vierge sans la coopération de l'homme.

On a reproduit au centre de la planche les panneaux qui séparent les niches. Ceux extrêmes ayant la même ornementation, on s'est contenté d'en donner un seul : c'est un feuillage purement architectural et sans signification emblématique. Quant aux panneaux du centre, voici ce qu'ils expriment : Sur l'un est une rose posée au milieu d'un soleil rayonnant ; c'est l'insigne héraldique adopté par Édouard IV et par ses successeurs en commémoration des trois soleils qui apparurent, dit-on, au ciel le jour de la bataille de Ludlow, à la croix de Mortimer, et qui se transformèrent en un soleil unique à l'instant même où Édouard, alors comte de Marche, livra ce combat célèbre qui donna définitivement gain de cause à la branche d'York, dont l'emblème, on le sait, était la rose blanche (1). Il est presque superflu d'indiquer que les lis en croix, l'étole et le calice qui décorent l'autre panneau sont les insignes du fondateur.

Au bas de la planche se trouvent, d'une part, le chambranle orné d'un cordon de fleurs de lis délicatement sculptées ; et, d'autre part, l'écusson aux armes de Waynflete, qui occupe un des tympans de la porte. Cet écu, au champ fuselé, portant des fleurs de lis en chef et des lis héraldiques en partitions, est entouré de l'insigne de l'ordre de la Jarretière ; ce qui rappelle que l'évêque de Winchester occupait de droit la dignité de prélat dans le chapitre de cet ordre de chevalerie (2).

N°. 20. Planche IV. — Chœur de la chapelle.

Ce chœur se compose de sept travées, auxquelles sont adossés des contreforts simples, de peu de saillie et dont les redents successifs en talus sont couronnés de pinacles. On est frappé de la grande ressemblance qui existe entre ce chœur et celui de la chapelle des Ames, en ce qui concerne le plan général et les proportions ; mais, outre une plus grande simplicité dans les détails, on remarque que les fenêtres

---

(1) Cette bataille eut lieu le jour de la Chandeleur, en l'an 1461. Shakspeare y fait allusion dans les vers suivants, que dit Richard, duc de Gloucester et frère d'Édouard :

De nos discords civils ont cessé les ravages ;
Nous jouissons enfin d'un été glorieux !
Au sein de l'Océan sont tombés les nuages
Qui du *soleil* d'York obscurcissaient les feux.

(Richard III, acte 1, scène 1.)

(2) Les fleurs de lis que ce prélat avaient ajoutées au chef de l'écusson de sa famille étaient un témoignage de sa reconnaissance pour la charge qu'il avait occupée au collége d'Eton. (Voir *Vetusta Monumenta*, vol. III.)

y sont en *ogive obtuse*, tandis que celles du Collége des Ames sont en *arc surbaissé*, forme dominante au XV°. siècle. La planche représente, en élévation et coupe, une des travées du chœur, ainsi que les profils du parapet, de l'ébrasement, du larmier d'allége et du stylobate. Le toit et le plafond, qui figurent en partie sur la coupe de cette travée, sont de construction moderne. L'ancienne couverture était en charpente nue et ornementée à l'intérieur dans le goût de celle de la chapelle des Ames ; comme le faîte en était fort peu élevé, il en résultait que le toit, vu de l'extérieur, était presqu'entièrement défilé par le parapet crénelé du couronnement, avantage de perspective que ne présente pas le nouveau comble, car l'architecte qui l'a reconstruit lui a donné une hauteur si démesurée que, pour en atténuer le mauvais effet, il a dû remblayer de moitié les créneaux du parapet. Quant au plafond actuel, il consiste en un berceau plâtré qui a la vaine prétention de figurer une voûte d'arête à nervures : ce sont là des corruptions de style dont on ne saurait assez blâmer les présomptueux ou ignorants auteurs, ne fût-ce que pour donner un salutaire avertissement à ceux qui seraient tentés de les imiter. Les mêmes fautes ayant été commises dans la restauration de la toiture et du parapet de la halle, il en résulte que cet admirable ensemble de bâtiments a beaucoup perdu de sa beauté primitive.

N°. 21. Planche V. — Détails les plus remarquables de la tour d'entrée.

On voit, sous le n°. 1 de cette planche, un type très-curieux de cheminée : c'est une souche à trois tuyaux, dont chacun est recouvert d'une petite voûte, et dont l'ensemble est surmonté d'un pinacle en harmonie de style avec les pinacles angulaires de la tour. Avant le règne de Henri VII, on construisait très-rarement des cheminées, et les périodes antérieures nous en ont laissé peu de spécimens dignes d'être cités.

Dans la seconde partie de la planche, on a reproduit, en élévation et plan, la partie supérieure de la tourelle d'escalier qui est située à l'angle sud-est de la tour ; et, pour faire mieux voir la manière dont cette tourelle est agencée avec la tour, on y a joint un petit plan d'ensemble de celle-ci, pris à hauteur de comble.

N°. 22. Planche VI. — Fenêtre d'oriel en encorbellement.

Cette fenêtre, qui se trouve engagée dans la façade, tout à côté de la tour d'entrée, n'offre rien de bien remarquable comme dessin ; mais, vue en perspective, elle semble très-élégante, à cause des effets de lumière et d'ombre que produisent les moulures à grande saillie et à dentelures qui la décorent : les artistes d'alors recherchaient beaucoup les effets de ce genre et réussissaient souvent à les produire.

N°s. 23 et 24. Planches VII et VIII. — Tour d'entrée du collége.

Cette tour peut, à juste titre, être rangée parmi les plus beaux types du genre, car elle est aussi admirable par la grâce de son ensemble que par l'élégance de ses détails. Nous lui avons consacré une double planche, afin de pouvoir en reproduire les façades de devant et de derrière à une échelle qui permette de bien saisir la beauté de leur ornementation. Elle est enclavée dans le côté occidental du quadrangle cloîtré, sa façade de devant prenant jour sur la première cour du collége et attenant à l'aile nord, où se trouvent les appartements du recteur. A l'époque où il fut construit, en 1483, ce logement du recteur présentait une façade à deux étages, crénelée et ornée de fenêtres en harmonie de style avec celles des bâtiments adjoignants ; mais on l'a, il y a environ soixante années, surmonté d'un troisième étage, et l'on a remplacé les fenêtres anciennes par un fenêtrage à la moderne, dont les lignes mesquines et les surfaces dépourvues de toute ornementation jurent singulièrement avec les meneaux à moulures et les réseaux élégants des édifices collatéraux. C'est à cette même époque de vandalisme que l'on a muré le passage à travers la tour d'entrée, ce qui fait que les personnes qui viennent maintenant visiter le collége n'y ont accès que par une étroite porte, voisine de la chapelle et située à l'angle sud-ouest des cloîtres. Le plan que l'on voit à gauche et au bas de la planche est celui du porche de la tour ; on l'a pris à la hauteur de A, afin d'y faire figurer les débouchés des cloîtres, et l'on y a projeté le réseau que forment les nervures de sa voûte d'arête.

Si l'on mesure la hauteur de la tour, depuis le sol jusqu'à l'allège des créneaux du couronnement, on la trouve égale à un peu plus du double de celle des bâtiments qui l'enclavent : on remarque ce même rapport de hauteur dans la plupart des édifices à tour qui datent des temps antérieurs au règne d'Elisabeth et qui avaient presque toujours deux étages, tandis que la tour en comportait quatre.

Le fenêtrage, qui est le trait le plus saillant de la façade, prend son appui sur l'arche du portail, et l'on remarque à l'archivolte de ce portail un arc en claire voie, composé de plusieurs nervures, orné de crochets et formant le prolongement des premières colonnettes du jambage (1). Les jours de la partie inférieure de cette belle fenêtre (partie qui éclaire une vaste pièce maintenant encore appelée chambre de Waynflete) ont perdu leur ancienne broderie, laquelle était conforme à celle des jours des compartiments supérieurs. C'est heureusement là l'unique mutilation importante qu'ait soufferte cette admirable façade. Des quatre statuettes qui la décorent, celle de droite, niche supérieure, représente Ste.-Marie-Madeleine; elle a pour pendant St.-Jean-Baptiste; au-dessous de cette dernière, se trouve la figure agenouillée de Waynflete, qui a pour pendant un personnage également agenouillé, mais revêtu des insignes royaux et que nous avons tout lieu de croire un portrait de Henri VI, bien que, jusqu'à ce jour, on l'ait généralement pris pour un Henri III (2).

La façade de derrière de la tour porte un fenêtrage du même genre et presque du même dessin que celui de la façade de devant que nous venons de décrire; mais l'archivolte de sa porte est beaucoup plus simple, ainsi que l'ensemble de son ornementation; il ne s'y trouve, en effet, d'autres statuettes que deux petites figurines supportant l'une et l'autre l'écusson armorié du fondateur; et la plus grande différence qui existe entre les deux façades consiste en la tourelle qui flanque l'aile gauche de la façade de derrière, tourelle qui renferme un escalier en spire qui mène aux divers étages et au toit. C'est ici surtout que l'on est frappé de la hardiesse avec laquelle les anciens architectes chrétiens transgressaient ces mesquines lois de symétrie, dont leurs imitateurs modernes sont si servilement esclaves. Au point de vue théorique, la critique peut trouver à redire à de telles irrégularités, mais il n'en est pas moins incontestable que c'est à la liberté d'agencement, qui caractérise l'architecture du moyen-âge, qu'il faut en grande partie attribuer les effets pittoresques que produisent les monuments qu'elle a légués à l'admiration des gens de bon goût.

---

(1) Cet arc détaché de l'archivolte se rencontre rarement dans l'architecture chrétienne. On a dû remarquer qu'il s'en trouve également un du même genre, quoique plus simple, au portail occidental de la chapelle de ce collége. Nous en avons vu un troisième exemple au portail de l'église de Sefton, dans le comté de Lancastre, mais ce dernier n'est que percé à jour, tandis que ceux-là sont complètement en claire voie.

(2) Voir, à ce sujet, ce que nous avons dit plus haut de la statuette royale qui orne l'une des niches du portail occidental de la chapelle de ce collége. Si notre opinion est fondée, — et nous la croyons telle, — il est probable que les statuettes dont il s'agit ici ne furent mises en place qu'après la restauration de la maison de Lancastre, dans la personne de Henri VII, — événement arrivé en 1485 et qui précéda d'une année la mort de Waynflete.

COLLÉGE DE LA MADELEINE, A OXFORD.

Si nous comparons cette magnifique tour avec celles des autres colléges du même style, nous y trouvons des rapports plus marqués que partout ailleurs avec l'architecture ecclésiastique, notamment en ce qui concerne les contreforts à redents et de peu de saillie, ainsi que les pinacles à crochets qui lui servent à la fois de soutiens et d'ornements.

N°. 25. PLANCHE IX. — Détails ornementaux de la façade de devant.

Cette planche représente, dans sa moitié de gauche, la base, le dais et le plafond à nervures de l'une des niches qui décorent la façade de devant; tandis que l'on a reproduit, dans son autre moitié, la broderie de la frise crénelée qui se trouve entre a fenêtre et l'archivolte de l'arche, ainsi que l'un des crochets qui ornent l'arc détaché de cette archivolte.

N°. 26. PLANCHE X. — Détails ornementaux de la façade de derrière.

La figure n°. 1 montre la broderie de la frise qui règne immédiatement au-dessus de la porte.

Les figures n°˙ 2 et 3 représentent les compartiments de la fenêtre, la frise ornementale qui sépare les jours supérieurs d'avec ceux intermédiaires, et le parapet crénelé qui couronne cette fenêtre.

Enfin, la fig. 4 reproduit partiellement, en projections horizontale et verticale, la voûte d'arête à nervures qui sert de plafond au porche de la tour.

COLLÉGE DE BRAZENOSE, A OXFORD,

FONDÉ EN 1512.

Les principaux bâtiments de ce collége forment un quadrangle dont le côté du levant comprend la tour d'entrée ; à l'emplacement qu'ils occupent se trouvaient autrefois plusieurs hôtels ou *halls* d'étudiants, dont le plus important portait le nom de *hall du nez de bronze* (Brazen nose hall), à cause d'un masque ou gros nez en bronze qui se trouvait fixé à sa porte en guise d'enseigne : et c'est de là qu'est venue la dénomination du collége actuel.

La date de 1509, que l'on voit inscrite au-dessus d'une porte qui menait jadis à la chapelle, indique probablement l'époque où fut commencée l'édification du collége ; mais les constructions n'étaient point encore achevées lorsque, en 1512, eut lieu son inauguration.

On croit que la tour d'entrée est située à l'endroit même où s'élevait autrefois le *Brazen nose hall*, et qu'elle est, de toutes les parties de l'édifice, celle qui fut construite la dernière ; quant à l'époque de son achèvement, elle est positivement fixée par cette circonstance que sa couverture en plomb dut, en vertu d'un contrat, être payée en trois termes annuels et consécutifs, à partir de l'année 1517. (1)

N°. 27. Planche 1. — Façade de la tour d'entrée (élévation et coupe).

Dans son ordonnance générale, cette tour ressemble tellement à celle du collége de la Madeleine qu'il est presqu'évident que celle-ci lui a servi de modèle et que son architecte a visé à faire rivaliser son œuvre avec celle de son devancier. La fenêtre à compartiments du 5°. étage est une copie de celle de la Madeleine, à cela près qu'elle n'est pas en encorbellement et que la façade plate et à couronnement crénelé qui la contient est couverte d'un réseau ornemental en harmonie de dessin avec les meneaux et tympans des deux fenêtres qui éclairent la salle principale. L'ensemble en est, sans aucun doute, d'une grande richesse, mais nous

---

(1) Voir, à ce sujet, la biographie des fondateurs de ce collége (William Smyth, évêque de Lincoln, et le chevalier Richard Sutton), publiée en 1800 par le révérend Ralph. Churton.

pensons que, comme grandeur et simplicité de composition, le fenêtrage continu et à double étage de la tour de la Madeleine vaut mieux que ce parement à broderie. Les niches de l'étage supérieur sont vides et l'ont peut-être toujours été ; celles latérales étaient probablement destinées à recevoir les statuettes des saints Chad et Hugh, respectivement évêques de Lichfield et de Lincoln; et l'on présume que la niche centrale devait être ornée d'une représentation symbolique de la Ste.-Trinité, dans le genre de celle qui décore le sceau du collége. L'écusson armorié que l'on voit au-dessus du portail est celui d'Henri VIII : c'est un écu écartelé aux armes de France et d'Angleterre, ayant un dragon et un lévrier pour supports, et dont la couronne est tenue par deux anges. Cette élégante tour, moins svelte que celle de la Madeleine, est à peu près aussi élevée que celle du collége des Ames ; à l'origine, elle avoit une hauteur double de celle des bâtiments qui l'enclavent ; mais ceux-ci ayant été exhaussés d'un étage, à l'époque du règne de Jacques I, il en résulte qu'elle paraît maintenant moins élevée ; et c'est encore là une corruption de style bien regrettable !

ÉGLISE DE ST.-PIERRE, A OXFORD.

Les admirateurs de vieille architecture ont beaucoup vanté cette église comme étant un véritable type de *style saxon*. D'après Thomas Hearne, antiquaire d'Oxford, elle aurait été construite par St.-Grimbald, moine érudit que le roi Alfred avait fait venir en Angleterre pour lui confier la chaire de théologie à l'université d'Oxford, au moment même de la création de cette université par ce prince au IXe. siècle (1) ; mais ce n'étaient là que suppositions dépourvues de preuves, et il a suffi d'un examen sérieux pour prouver l'anachronisme que comporte cette opinion : il est maintenant, en effet, acquis à l'histoire authentique que l'université d'Oxford n'a point été fondée par Alfred-le-Grand, et que le savant Grimbald n'a pu prendre

---

(1) Alfred mourut en 900, et son vénérable conseiller et chapelain l'abbé Grimbald, en 903. Tous deux furent enterrés à Winchester. Voir à ce sujet, au tome I de l'ouvrage à gravures publié par Leland, sous le titre de *Collectanea*, l'épître en latin écrite par Hearne à Brown Willis.

aucune part à son enseignement (1). On ne peut d'ailleurs faire remonter si haut dans le passé la construction de l'église de St.-Pierre, car il est incontestable pour les vrais archéologues que, de même que plusieurs autres vieux édifices que l'on s'était habitué à considérer jusqu'ici comme appartenant au style pur des Saxons, cette église doit prendre rang parmi les nombreux monuments chrétiens qui s'élevèrent en Angleterre pendant le XI°. siècle, c'est-à-dire immédiatement après la conquête des Normands (2). Quoi qu'il en soit de ce point d'archéologie, l'église de St.-Pierre n'en est pas moins un édifice très-intéressant et très-curieux, surtout à cause de sa crypte et du porche, que nous allons examiner.

N°. 28. Planche I. — Élévation, coupe et plan de la façade sud du porche.

Suivant toute probabilité, ce porche fut ajouté à l'ancienne église au temps d'Henry V : Hearne rapporte, en effet, que, par suite de travaux considérables exécutés à cette église, il s'éleva, en 1413, un procès qui dura trois ans entre les habitants de la paroisse et ceux de Wolvercote, chapelle ressortissant à St.-Pierre, procès qui avait pour objet la quote-part afférente à chacune des parties contendantes dans la dépense occasionnée par ces travaux (3).

N°. 29. Planche II. — Élévation de la façade occidentale, plan et coupes du porche intérieur.

Dans son ensemble, cette construction est d'un beau fini et d'une grande élégance : les plafonds en pierre du porche même et de la salle qui le surmonte sont particulièrement dignes d'attention : ce sont des voûtes plates aussi remarquables par la délicatesse du dessin que par l'habileté de l'exécution.

---

(1) L'université d'Oxford fut fondée en 1201 ; elle comptait, au commencement du XIV°. siècle, plus de 30,000 étudiants, répartis entre 300 colléges ou halls. Sa situation actuelle est de 30 professeurs, 5,000 étudiants et 22 colléges, dont la magnificence des bâtiments a valu à Oxford le surnom de *ville des palais*.   T.

(2) On trouve, au tome IV des *Antiquités architecturales de la Grande-Bretagne* un historique de l'église de St.-Pierre, et le tome V du même ouvrage contient deux planches représentant la crypte sous le chœur, ainsi qu'une dissertation sur l'époque de sa fondation.

(3) Le porche de l'église de St.-Michel, à Oxford, a quelque ressemblance avec celui de St.-Pierre, mais il est plus petit et n'a point d'étage. Voir la planche XIX, tome II, des *Spécimens d'architecture gothique*.

Le porche intérieur ou narthex d'une église était autrefois réservé à l'accomplissement de plusieurs cérémonies religieuses, telles que le baptême, le mariage, la purification, la commémoration de la Passion aux jours de la Semaine-Sainte, etc.; on y rendait quelquefois aussi la justice, et les habitants de la paroisse s'y réunissaient pour traiter les affaires civiles. La salle qui formait l'étage du porche servait habituellement de bibliothèque et de dépôt d'archives; on l'appelait *Catéchumène*, parce que c'était aussi là que les nouveaux convertis étaient préparés à recevoir le baptême. Aux XIVe. et XVe. siècles, la plupart des églises étaient pourvues d'une cathécuménie, et il existe encore quelques-unes de ces vieilles bibliothèques où les livres étaient attachés par des chainettes aux rayons et pupitres.

ÉGLISE DE STE.-MARIE, A OXFORD.

Cette église, qui est aussi celle de l'université, nous offre un beau type de l'architecture ecclésiastique du XVe. siècle. Son admirable clocher à flèche est d'une époque postérieure à celle du reste de l'édifice. Le corps de l'église est supporté par des colonnes en faisceau et par des arches *en ogive aiguë*, tandis que les fenêtres des bas-côtés et de la claire-voie (clere-story) sont en *ogive aplatie*, marquant ainsi la transition vers l'arc gothique surbaissé (arc décrit de quatre centres et désigné plus tard sous le nom générique *d'arc tudor*), lequel remplaça presque généralement, dans la dernière période du style ogival, l'ogive simple ou primitive, c'est-à-dire celle décrite de deux centres seulement. Les plafonds, en charpente nue, sont presque plats et formés de solives et chevrons élégamment moulurés et soutenus par des consoles arquées et sculptées en broderie. (1)

---

(1) En règle, toutes les variétés d'ogives appartiennent à l'un des deux genres bien distincts que voici: *l'arc ogival parfait* et *l'arc ogival surbaissé*.

L'arc ogival parfait est celui décrit de deux centres pris sur la ligne des naissances: il est *obtus*, si ces points de centre tombent à l'intérieur des points de naissance; il est *aigu* dans le cas contraire; et on l'appelle *arc en tiers-point* ou *équilatéral* lorsque les points de centre se confondent précisément avec les points de naissance: dans l'ogive parfaite, les arcs sont donc tangents aux lignes des pieds-droits.

ÉGLISE DE Ste.-CATHERINE, EN TOWER-HILL, A LONDRES. 57

N°. 30. Planche I.

Elle représente, en élévation extérieure, une travée de la nef et du bas-côté du sud, ainsi que plusieurs détails de moulures et de broderie qui s'y rapportent.

N°. 31. Planche II. — Élévation extérieure, coupe et détails d'une travée du chœur (fenêtres en *ogive obtuse*).

N°. 32. Planche III.

Les trois stalles ici reproduites sont adossées au mur sud du chœur, tout près du maître-autel: destinées aux célébrants, on a souvent commis l'erreur de prendre des stalles de ce genre pour des confessionnaux. Elles sont dessinées avec autant d'élégance que de délicatesse; les moulures, quoique remarquablement simples, sont néanmoins d'un très-bel effet, grâce au feuillage ornemental dont elles sont enrichies.

ÉGLISE DE STE.-CATHERINE, EN TOWER-HILL, A LONDRES.

Cette église, fondée, ainsi que l'hôpital dont elle fesait partie, en 1148 par Mathilde de Boulogne, femme du roi Stephen, fut reconstruite en 1273 par Éléonore, épouse d'Henry III, et reçut ensuite de grands embellissements aux frais de la géné-

---

L'arc ogival surbaissé est celui décrit de quatre centres, dont deux pris à l'intérieur et sur la ligne des naissances, tandis que les deux autres sont situés au-dessous de cette ligne, sur les lignes des pieds-droits et à une distance géométriquement déterminée par la position des deux premiers points de centre. L'ogive surbaissée est dominante dans les monuments gothiques de l'Angleterre.

Ne considérant pas comme ogives réelles les fermetures de baies appelées *arc en accolade*, *arc à contre-courbes*, *arc à festons*, non plus que les autres *arcs composés* qui caractérisent particulièrement la dernière époque de l'architecture chrétienne, nous ne connaissons d'exceptions à la règle posée ci-dessus qu'en ce qui concerne *l'ogive lancéolée*, dont les points de centre sont pris *au-dessus* de la ligne des naissances, et les *arcs intérieurs*, c'est-à-dire ceux qui concourent à la composition des réseaux de tympan et dont les points de centre se trouvent très-souvent *au-dessous* de la ligne de naissance, ainsi qu'on peut le voir aux lignes de construction tracées sur les épures de Pugin.

De la classification méthodique que nous venons de rappeler, il résulte que les fenêtres du chœur de Ste.-Marie sont en *ogive parfaite obtuse*, tandis que celles de la nef et des bas-côtés sont en *ogive surbaissée*.

T.

reuse Philippine, qui partagea la couronne d'Édouard III. C'est grâce au patronage dont elle fut toujours l'objet de la part des reines d'Angleterre, que cette institution de charité est arrivée jusqu'à nous, en échappant aux actes de suppression et de vandalisme qui frappèrent, aux temps des troubles religieux, presque toutes les fondations catholiques du royaume. Une nef flanquée de bas-côtés, un chœur sans pourtour et un petit clocher attaché à la façade de l'occident composaient naguère encore cette église. La construction du chœur date du règne d'Édouard III (milieu du XIV°. siècle); celle de la nef lui est postérieure de quelques années. A l'origine, son architecture était d'une grande richesse ornementale, mais les outrages du temps, ainsi que les nombreuses réparations à la moderne qu'elle a successivement subies, lui ont fait perdre son caractère primitif. On a démoli, il y a quelques années, son clocher et son cimetière pour faire place aux grands docks (bassins et entrepôts), qui portent le nom de S^{te}.-Catherine (1).

N°. 33. Planche I. — Stalles du chœur.

Nous reproduisons ici le couronnement de l'une des treize stalles qui décoraient autrefois chaque côté du chœur : les courbes architecturales en sont hardies et gracieuses, et le feuillage des crochets en est d'une grande pureté. On remarque, parmi les ornements sculptés de ces stalles, les portraits de la reine Philippine et d'Édouard III, son époux : ce qui, en fixant l'époque de leur construction, nous permet de les considérer comme un type du style de cette période de l'art chrétien en ce qui concerne la boiserie ornementale (2).

ABBAYE DE ST.-ALBAN, A HERTS.

N°. 34. Planche I. — Portes en chêne.

La porte n°. 1 appartient à la chapelle apsidale centrale du chœur de l'église de cette abbaye; elle date de la seconde moitié du XV°. siècle. C'est dans cette chapelle qu'était autrefois conservée la châsse de saint Alban.

---

(1) L'hôpital de Ste-Catherine a été, depuis, transféré au Parc du Régent. Les plans du nouvel établissement sont l'œuvre de l'architecte Ambroise Poynter.

(2) Il se trouve plusieurs spécimens du même genre dans le tome II de l'ouvrage publié en 1787, par John Carter, sous le titre de : *Spécimens de sculpture et peinture anciennes.*

La porte n°. 2 est prise d'une chapelle située dans le pourtour nord du chœur ; elle a été fondée, au temps d'Henry VIII, par l'abbé Thomas Ramryge, pour en faire son lieu de sépulture. C'est un type curieux de ce dernier période de l'art chrétien, dont le trait caractéristique était, d'une part, la profusion des ornements, et, d'autre part, l'absence de ce dessin gracieux qui distinguait les œuvres du siècle précédent. Les panneaux de cette porte sont tapissés de draperies en bois, genre d'ornementation qui prit naissance à l'époque d'Henry VIII, se continua jusqu'au règne d'Elisabeth et fut très-fréquemment appliqué aux lambris et portes des appartements d'habitation (1). L'inscription latine qu'on lit sur cette porte est empruntée au cantique d'Ezéchias, lequel cantique fait partie de l'office des morts dans l'ancienne liturgie (2); au-dessus de cette inscription, se trouve le millésime de la construction de cette chapelle (3).

ÉGLISE DE BEDDINGTON, PRÈS CROYDON, EN SURREY.

On croit qu'elle fut fondée dans la première partie du XVe. siècle par sir Nicolas Carew, seigneur du manoir de Beddington. Au sud du chœur se trouve la chapelle sépulcrale de cette famille, ainsi que l'attestent encore plusieurs monuments tumulaires.

N°. 35. Planche I. — Arche à écran.

C'est une des arches qui séparent du chœur la chapelle précitée ; nous en donnons ici une vue d'ensemble, ainsi que les détails moulurés.

---

(1) On voit, au haut bout de la grande halle du collège de la Madeleine, un écran ornementé de la même façon ; et les stalles de la chapelle d'Henry VII, ainsi que les portes du palais de St.-James, ont aussi des panneaux sculptés en draperies et rouleaux.

(2) « J'ai dit : lorsque je ne suis encore qu'à la moitié de la vie, je m'en vais aux portes du » tombeau. »
(Livre du prophète Isaïe, chapitre XXXVIII, verset 10.)

(3) A la mort de l'abbé Ramryge, en 1524, l'abbaye fut donnée *in commendam* au cardinal Wolsey.

N°. 36. Planche II. — Autel-tombe de sir Richard Carew.

Ce sir Richard joua un rôle important sous les règnes d'Henry VII et d'Henry VIII. Créé chevalier banneret à la bataille de Blackheath, en 1497, il remplit à diverses reprises les fonctions de shériff dans le Surrey et l'Essex, et fut appelé par Henry VII à la haute charge de lieutenant de la place de Calais, charge dans laquelle Henry VIII le confirma à vie, et qui passa ensuite à son fils Nicolas. Sir Richard mourut en 1520, et fut enterré sous l'autel-tombe ici reproduit, ainsi que sa seconde femme, Malyne, fille de Robert Oxenbridge, écuyer de Torden, en Sussex. Dans la pierre qui recouvre le sarcophage sont scellées des plaques d'airain sur lesquelles sont gravées les effigies de ces deux époux, et l'on voit la date du décès de sir Richard dans l'inscription incomplète et mutilée qui se trouve dans l'une des moulures de la corniche du sarcophage. (1)

Des trois écussons qui décorent l'élégante corniche de l'édicule, celui central est écartelé aux armes des deux époux, tandis que ceux angulaires portent les armoiries respectives des Carew et des Oxenbridge.

Ce monument funéraire est assurément un des plus beaux types qu'ait produits en ce genre l'architecture chrétienne à l'époque de sa dernière transformation, c'est-à-dire avant l'introduction du sarcophage païen par les artistes de la Renaissance (2).

---

(1) La date du décès de dame Malyne paraît n'avoir jamais été gravée sur cette plaque : c'est une lacune que la famille aura négligé de remplir, ainsi qu'il arrive souvent. La mutilation de l'épitaphe est antérieure à la fin du XVIIe. siècle, ainsi que le prouve la copie qu'en a donnée John Aubrey dans son *Histoire du Comté de Surrey*, publiée en 1718.

(2) Pugin eût peut-être bien fait de noter ici que, jusque vers la fin du XVIe. siècle, le principe gothique ne fut point altéré dans les monuments funéraires.

T.

MANOIR DE BEDDINGTON, COMTÉ DE SURREY.

Cette résidence seigneuriale de la famille des Carew est un vaste édifice en briques, composé d'un grand corps de logis flanqué de deux ailes, dont la construction est postérieure et d'un autre style que celle du bâtiment central. On croit que ce dernier a été fondé par le chevalier François Carew, mort en 1611, et qui était petit-fils de sir Richard, dont on vient de voir la tombe.

N°. 37. Planche I. — Ferrures de portes.

La charpente de la halle de ce château est fort remarquable, et nous donnons ici, comme type très-curieux du genre, la serrure qui décore la porte principale de cette halle. L'écusson, aux armes d'Henry VII, qui est ciselé sur l'obturateur du trou de clef nous autorise à supposer que ce chef-d'œuvre de serrurerie date du règne de ce prince. Ce qui met hors de doute que cet écusson est bien celui d'Henry VII, ce sont d'abord le dragon et le lévrier qui lui servent de tenants, et puis les deux roses qui en meublent la partie inférieure et qui rappellent que le mariage de ce roi opéra la fusion des deux branches rivales de Lancastre et d'York.

Les autres ferrures ornementales reproduites sur la présente planche sont des miniatures du genre de décoration architecturale qui était alors en vogue ; on a rarement occasion d'en voir d'aussi beaux spécimens, et l'on peut juger d'après cela de l'importance que l'on attachait à mettre en parfaite harmonie l'ensemble des édifices et les moindres détails de leur décoration ou ameublement. La figure 2 est une poignée de porte dont la plaque, richement ornementée, est dans le même style que la serrure précédente ; quant à la figure 3, c'est une petite serrure de coffre ornée de feuillage et qui doit être de la même époque que la grande serrure de la halle de Beddington (1).

---

(1) Lorsque la plaque de serrure était ciselée à jour, on la doublait de velours ou de drap cramoisi, et l'on garnissait de même étoffe les poignées de porte.

PALAIS ARCHIÉPISCOPAL DE CROYDON, COMTÉ DE SURREY.

On prétend que Guillaume-le-Conquérant fit don du manoir de Croydon au célèbre Lanfranc, qui occupa le siége métropolitain de Cantorbury depuis 1070 jusqu'en 1089. Ce n'est au reste là qu'une croyance traditionnelle ; mais il est de fait historique qu'il se trouvait à Croydon, dès le XIIIe. siècle, un château à chapelle, servant de résidence d'été aux archevêques de Cantorbury. Il est en outre maintenant prouvé que c'est à tort, et par suite d'une fausse interprétation d'archives, que l'on avait avancé que ce château avait primitivement été construit en bois et qu'il ne constituait qu'un domaine peu étendu. On croit que les bâtiments actuels datent du XVe. siècle et qu'ils eurent successivement pour fondateurs les archevêques Arundel, Stafford et leurs successeurs. C'est dans cette résidence que la reine Élisabeth fut fêtée pendant toute une semaine, en 1575, par Mathieu Parker, premier archevêque protestant de l'église anglicane. Après l'abolition de la dignité épiscopale et le supplice de l'archevêque Laud, le palais de Croydon fut saisi par ordre du parlement et donné en fermage à des tenanciers laïques; mais il fit retour à l'église en 1660, époque de la restauration de Charles II, et redevint la résidence d'été des archevêques jusqu'en 1757, c'est-à-dire jusqu'à la mort de Thomas Herring, dernier prélat qui l'habita. Le château resta alors abandonné, et ce ne fut qu'en 1780 que l'archevêque Cornwallis fut autorisé, par acte du parlement, à en prendre possession et à en aliéner une partie pour couvrir les frais du nouveau palais qu'il avait reçu mission de faire construire, pour lui et ses successeurs, sur un emplacement plus élevé et moins insalubre que ne l'était celui de l'ancien château. C'est donc en vertu de cet arrangement que ce dernier fut vendu et converti en une manufacture ; et c'est de là que provient l'état de délabrement où il se trouve aujourd'hui. (1) Les bâtiments dont il se compose sont les uns en briques et les autres en pierre ; leur ensemble forme un quadrangle irrégulier de 72 yards sur 52. La principale porte d'entrée se trouvait en face de la halle, et celle-ci formait, avec les principaux appartements de maître,

---

(1) On n'exécuta pas le nouveau palais projeté, et ce ne fut qu'en 1807 que le parlement autorisa l'acquisition d'un château situé à Addington, près Croydon, pour en faire la résidence d'été des archevêques de Cantorbury. Ce château a depuis lors été considérablement agrandi et embelli.

le côté sud du quadrangle. Suivant la coutume du temps, le château était entouré d'un fossé qui lui servait de défense.

N°. 58. PLANCHE I. — Plan d'ensemble et coupe transversale de la halle.

Ce petit plan d'ensemble suffit pour faire connaître l'ordonnance de cette halle en ce qui concerne sa toiture, ses murs, ses fenêtres, son porche, etc.; tandis que la coupe transversale fait voir son pignon du levant en même temps qu'une ferme de sa charpente. Le porche, adossé au côté sud de la halle et recouvert d'un voûtage à nervures, était autrefois surmonté d'une chambre, dont il reste encore quelques débris, notamment une cheminée à l'un des angles. Ce porche servait de principale entrée à la halle, et se trouvait en face d'une porte située dans la muraille du nord et donnant sur les jardins. Les trois petites portes ogivales pratiquées dans le pignon menaient aux offices et aux caves ; elles étaient autrefois surmontées d'une grande fenêtre qui éclairait la galerie d'orchestre ; mais cette galerie a disparu ainsi que l'écran qui la soutenait, et la fenêtre a été bouchée par un mur de masque dans lequel se trouve scellée une pierre sculptée qui provient probablement des démolitions auxquelles donnèrent lieu les travaux de restauration exécutés par l'archevêque Herring. C'est un écu surmonté d'une couronne impériale et soutenu par deux anges; le champ porte en son parti senestre les armes écartelées des royaumes de France et d'Angleterre, et en son parti dextre celles attribuées à Édouard-le-Confesseur; au bas de l'écusson se trouve un troisième ange maintenant une banderole portant la devise : *Domine, salvum fac regem ;* enfin, cet admirable morceau de sculpture en haut relief est abrité sous un dais également taillé dans la pierre. Comme les bouts de moulures, que l'on remarque de chaque côté et vers le bas de cette pièce ornementale, ont exactement la même modinature que celles qui décorent la corniche intérieure de la salle, il est permis d'en conclure qu'elles sont de la même époque et que le fondateur de la halle fut l'archevêque Jean Stafford, qui occupa le siége de Cantorbury depuis 1443 jusqu'en 1452, sous le règne de Henry VI ; et en effet, les armoiries que nous venons de décrire sont celles de ce souverain, et l'on voit encore sculptées sur plusieurs des écussons qui ornent la corniche les armes de Stafford, en partition tantôt avec celles archiépiscopales de Cantorbury, et tantôt avec celles de l'évêché de Bath-and-Wells, que ce prélat avait occupé avant d'être promu à la primatie. D'autres écussons de cette même corniche portent les blasons, d'abord, de Humphrey, comte de Stafford, qui fut créé duc de Buckingham en 1444, et de son fils Henry ; ensuite de Richard Plantagenet, duc d'York, qui fut tué en 1460 à la bataille de Wakefield ; enfin, des archevêques Laud, Juxton et Herring. Au nombre des altérations que subit cet édifice à l'époque où le dernier de ces prélats le fit restaurer, il faut compter le lanternon servant primitivement de cheminée d'appel au foyer, qui se trouvait, comme d'habitude, situé au centre de la salle.

N°. 39. PLANCHE II. — Coupe et élévation d'une travée ; coupe longitudinale d'ensemble et autres détails de la halle.

Ces coupes ont pour fond le grand côté sud de la salle ; la figure 4 donne les détails amplifiés de l'une des fenêtres, et le profil placé au-dessus de la fig. 2 est celui de l'arête principale de l'ossature du plafond.

Bien que la halle de Croydon ne soit pas dans son genre un type architectural de premier ordre, on ne peut cependant, en la voyant dans son état actuel de délabrement, s'empêcher de regretter que l'on ait converti en usine industrielle un monument qui appartient à la fois à l'histoire nationale et à l'archéologie.

N°. 40. PLANCHE III. — Salle des gardes.

La salle des gardes était, dans les anciens châteaux, la pièce principale après la halle et la chapelle. Comme les armoiries de l'archevêque Arundel figurent sur deux des culs de lampe qui décorent la salle ici représentée, on croit qu'elle a été fondée par ce prélat au commencement du XVe siècle ; mais il est aisé de voir que la fenêtre qui l'éclaire, et qui n'offre d'ailleurs rien de remarquable, est moins vieille d'un siècle au moins.

N°. 41. PLANCHE IV. — Coupe transversale, plan et plafond de la chapelle.

Il y avait primitivement deux chapelles au palais de Croydon : la plus grande était à l'usage de tous les habitants du château, et il s'y fit plusieurs ordinations de prêtres, tandis que l'autre servait d'oratoire à l'archevêque. Ces deux chapelles n'existent plus, et celle actuelle, qui est surtout remarquable par son extrême simplicité, ne remonte pas au-delà du milieu du XVIe siècle. Elle est en briques et ne porte,

PALAIS ARCHIÉPISCOPAL DE CROYDON, COMTÉ DE SURREY.

malgré la date de sa fondation, aucune trace du style renaissance. Les insignes de la papauté, que l'on y voit encore sculptés en deux endroits du pignon occidental, ne pouvant être attribués à Parker, non plus qu'aux autres archevêques protestants qui lui succédèrent, on est porté à croire que le véritable fondateur de cette chapelle fut le cardinal Pole, qui occupa le siége de Cantorbury pendant le règne de Marie-la-Catholique. Elle reçut quelques embellissements par les soins de l'infortuné Laud, et, après avoir été fermée sous la république, elle fut rendue au culte dès que celle-ci fit place à la restauration de la monarchie. Lorsque, ainsi qu'il a été dit plus haut, le palais fut vendu et converti en une manufacture, la chapelle devint une salle d'école; et c'est grâce à cette circonstance qu'elle se trouve maintenant moins délabrée que la halle et les autres bâtiments de l'ancien palais; notons cependant qu'elle a perdu la campanille qui surmontait autrefois son extrémité occidentale. (1)

La double coupe transversale que nous en donnons ici, fig. 1, représente, dans sa moitié de droite, l'écran en bois qui sépare la nef d'avec le pronaos, et, dans sa moitié de gauche, le chœur avec la fenêtre de chevet.

La fig. 2 est le plan d'ensemble de la chapelle : l'irrégularité du porche était motivée par la communication couverte qui reliait la chapelle aux bâtiments du palais.

La fig. 3 est un compartiment du plafond lambrissé de la chapelle. Il est probable, d'après la disposition des gouttières et du parapet de couronnement, que la toiture primitive avait un faîtage moins élevé que celle actuelle.

N°. 42. Planche V. — Coupe partielle, coupe longitudinale d'ensemble, détails de boiserie.

La fig. 1 représente une travée vue suivant une coupe passant par l'axe longitudinal de la chapelle.

La fig. 2 donne les détails amplifiés de l'écran du porche intérieur; les panneaux en sont à jour dans le haut et lambrissés dans le bas. Les broderies qui décorent cet écran, ainsi que celles des stalles qui meublent les deux côtés de la nef, suffisent pour établir que ces boiseries sont antérieures au règne d'Henry VIII.

---

(1) Depuis notre dernière visite au palais de Croydon, le mur de pignon du côté oriental de cette chapelle s'est complètement écroulé; mais heureusement la belle pierre ornementale qui y était scellée n'a point été brisée, bien que le mur l'ait entraînée dans sa chute.

Fig. 3. Cette coupe longitudinale, qui a pour fond le côté sud de la chapelle, fait voir dans son ensemble la disposition du fenêtrage, des stalles et de la galerie du porche.

PALAIS ROYAL D'ELTHAM, COMTÉ DE KENT.

Grâce à la beauté de son site, Eltham devint un lieu de plaisance dès les temps les plus reculés, et il s'y trouvait déjà un manoir royal sous le règne d'Édouard-le-Confesseur. Guillaume-le-Conquérant fit don de ce domaine, ainsi que de beaucoup d'autres, à son demi-frère Odo, évêque de Bayeux, et qu'il avait créé comte de Kent; mais, par suite de la forfaiture et du bannissement de ce puissant prélat pour avoir pris part à une conjuration contre Guillaume-le-Roux, le domaine d'Eltham fit retour à la couronne, et, peu de temps après, la famille baroniale de Mandeville en reçut une moitié en fief allodial. D'après le continuateur de l'historien Mathieu Paris, Henry III célébra, en 1270, avec les principaux personnages du royaume, les fêtes de Noël dans sa résidence d'Eltham. En 1280, Édouard Ier. fit donation de la deuxième moitié de ce vieux domaine royal à Jean de Vesci, parent de la reine par Isabelle de Beaumont, sa femme; et ce seigneur le reconstitua bientôt après dans son intégrité, en se fesant céder, par voie d'échange, tout ce qui en avait été donné à la famille de Mandeville. Le nouveau lord d'Eltham, étant mort sans enfants en 1289, eut pour successeur son frère Guillaume; et ce dernier, n'ayant pas non plus de progéniture légitime, établit en mourant, en 1296, comme tuteur de Jean son fils naturel, Antoine Beke, évêque de Durham et patriarche titulaire de Jérusalem. On accuse ce prélat d'avoir abusé de sa tutelle, et on prétend que c'est grâce à cette spoliation, qui n'a pu, dans tous les cas, avoir lieu qu'avec la tolérance de l'autorité souveraine, que Beke mena un train de vie princier et fort peu en rapport avec son caractère ecclésiastique. Quoi qu'il en soit à cet égard, il est de fait que Jean n'entra jamais en jouissance des biens de son père, et que son tuteur vendit, pour son propre compte, le château d'Alnwick; qu'il fit de grands embellissements à celui d'Eltham, et qu'il le légua, en 1311, à la reine Isabelle, femme d'Édouard II. Par suite de cette donation, Eltham redevint une résidence royale, et les chroniqueurs mentionnent un grand nombre de faits historiques qui s'y sont passés et dont nous croyons à propos de rapporter ici les plus importants.

C'est au palais d'Eltham que naquit, en 1315, Jean, comte de Cornwall et second fils d'Edouard II. Edouard III y tint parlement en 1329 et 1347, et y donna, en 1364, de splendides fêtes à son prisonnier de guerre Jean, roi de France. En 1386, Richard II fêta également à Eltham le roi d'Arménie Léon, qui était venu implorer le secours des princes chrétiens contre les Turcs; et, ainsi que le rapporte Jean Froissart, c'est en cette résidence royale qu'il vint, en 1395, faire hommage d'un volume de ses Chroniques à ce même Richard.

En 1414, Henry V célébrait la Noël en son palais d'Eltham, lorsqu'il reçut la nouvelle du rassemblement séditieux des Lollards dans les plaines de St.-Gilles. C'est en ce même château que naquit et fut baptisée, en 1480, Brigitte, troisième fille d'Édouard IV. Ce prince consacra des sommes considérables à l'embellissement de cette résidence, et comme ses armoiries figurent encore parmi les ornements de la halle, on est fondé à croire que c'est lui qui la fit construire vers la fin du XVe. siècle. Pour donner une idée de la splendeur des fêtes qui se donnaient alors à Eltham, il suffit de mentionner que, durant les solennités de la Noël en 1483, la table royale recevait chaque jour 2,000 convives.

Henry VII fit reconstruire une des façades du palais d'Eltham, et son successeur y tint sa cour en 1515 et 1516; mais, à partir de cette époque, on jugea que cette résidence était insalubre à cause des eaux stagnantes de ses fossés; elle fut abandonnée pour les nouveaux châteaux de Greenwich, de New-Hall ou Beaulieu, en Essex, et de Nonsuch, en Surrey, et la cour n'y vint plus que pour chasser le daim dans ses immenses parcs, notamment sous Jacques Ier., en 1612. Quand survint la révolution sous Charles Ier., le général parlementaire Robert, comte d'Essex, vint s'établir au château d'Eltham, et c'est là qu'il mourut en 1646. A la mort du roi Charles, le palais d'Eltham devint propriété nationale, ainsi que tous les autres domaines de la couronne, et il fut mis en vente après avoir été inventorié par une commission parlementaire. Les procès-verbaux de l'enquête faite à cet effet constatent que le château se composait alors : au rez-de-chaussée, d'une belle chapelle, d'une grande halle et de 46 pièces de maître, sans compter les offices; à l'étage, de 38 pièces composant les appartements du roi, de la reine et du prince; et, en outre, d'une suite de bâtiments contenant 78 chambres pour les gens de la cour et entourant un préau grand d'un acre. Quant aux trois parcs royaux d'Eltham, ils comportaient une étendue de 1265 acres, et ils furent alors tellement dévastés par la plèbe et la soldatesque, qu'il ne s'y trouva plus sur pied, au moment où Charles II monta sur le trône, un seul des beaux chênes dont ils étaient si riches peu de temps auparavant. Les bâtiments du château subirent aussi de grands ravages à cette époque malheureuse, et tout ce qu'en avait laissé debout la hache révolutionnaire s'est depuis affaissé sous la main du temps. (1)

Le plan de cet immense palais formait un quadrangle irrégulier dont les dimensions étaient de 581 pieds au couchant, 574 au levant et 350 environ pour les côtés nord et sud. Ce quadrangle était élevé de 15 pieds au-dessus du sol naturel, et les eaux d'un très-large fossé baignaient la base de son pourtour. Il s'y trouvait deux ponts, dont l'un au nord et en face de la principale porte d'entrée, et l'autre au sud et donnant accès aux jardins. Le dernier de ces ponts n'existe plus; les fossés sont à sec, et il ne reste plus de tous les bâtiments anciens que la halle et un corps de logis y attenant et à deux étages, qui est probablement un reste des constructions dues à Henry VII. Le grand quadrangle couvrait environ trois acres de terrain, et son vaste préau était partagé en deux par une rangée de bâtiments dont la halle fesait partie; de ces deux cours, celle du nord, grande d'un acre environ, était entourée par les bâtiments de service, tandis que dans celle du sud, qui était beaucoup moins grande, se trouvaient les logements de la famille royale et des hauts personnages (2).

On est, au reste, réduit à des suppositions pour la détermination de plusieurs parties du plan, et on n'a pu jusqu'ici se fixer avec certitude en ce qui concerne la situation de la chapelle. (3) Plusieurs archéologues ont avancé que la façade construite sous Henry VII était située au nord; d'autres ont pensé, avec plus de probabilité,

---

(1) Samuel et Nathaniel Buck publièrent, en 1735, une vue du palais d'Eltham, dans laquelle la halle se montre encore ornée de son parapet crénelé et de sa loge du nord. Les bâtiments adossés au pignon du nord existaient encore, et rien, dans cette estampe, ne fait supposer que le vieux palais fût alors déjà transformé en ferme comme il l'est maintenant.

(2) L'auteur de la description historique du palais d'Eltham qui a paru en 1828, a commis une erreur en supposant qu'il se composait de quatre quadrangles, dont deux grands à l'occident et deux petits au levant, car une telle division ne peut s'accorder avec les procès-verbaux de l'enquête parlementaire.

(3) On trouve, dans le tome Ier. de l'*Histoire du Comté de Kent* par Hasted, un plan du palais d'Eltham, gravé d'après un dessin fait en 1590. Il est inexact et incomplet.

que cette façade avait vue, au couchant, vers Londres. Les murs extérieurs laissent encore voir des traces de grandes souches de cheminées, de tourelles et de fenêtres. Ces ruines, dont les unes sont en briques et les autres en pierre, semblent avoir appartenu à des édifices de différents âges, et les grandes voûtes bâties dans leurs fondements servaient sans doute à l'écoulement des eaux, bien que l'imagination des romanciers les ait transformées en galeries de défense et de retraite.

Nous commencerons la description de la magnifique halle d'Eltham par l'exposition de son plan d'ensemble (voir la double planche IV et V). Ses dimensions sont de 101 pieds sur 36, de sorte que sa longueur est à peu près égale au triple de sa largeur. Elle est partagée en six travées par cinq fermes ogivales sur lesquelles porte la toiture. Les travées sont éclairées chacune, de l'un et de l'autre côté, par deux fenêtres accouplées, sauf celle extrême (côté du couchant), qui reçoit son jour au moyen de deux oriels ou loges en saillie. (1) Comme d'autres bâtiments, maintenant détruits, étaient originairement adossés aux pignons de la halle, on comprend pourquoi il ne se trouve pas de fenêtres dans ces derniers. La porte principale d'entrée, située dans la muraille nord de la dernière travée (côté de l'orient), donnait sur la cour extérieure; en face de cette entrée se trouvait une porte qui menait dans la cour intérieure, et deux autres portes pratiquées dans le mur de pignon (côté du levant) donnaient accès aux offices et cuisines; enfin, toutes ces portes étaient enclavées dans une espèce de porche intérieur, formé par un écran en bois, embrassant toute la largeur de la salle à dix pieds et demi de distance du mur de pignon. Cet écran, dont il n'existe plus que la carcasse nue, était autrefois richement ornementé; haut de 12 1/2 pieds, il est divisé en 5 compartiments, dont ceux extrêmes et de milieu à panneaux pleins, tandis que ceux intermédiaires étaient percés de portes. Comme cet écran ressemble à celui de la halle de Hampton-Court, on a supposé qu'il était autrefois surmonté d'une galerie d'orchestre; mais une circonstance qui tend à prouver le contraire, c'est qu'on ne retrouve, à l'intérieur ni à l'extérieur de la salle, aucune trace de l'escalier qui aurait dû mener à cette galerie. (2)

---

(1) Édouard King s'est trompé en avançant dans son *Archæologia*, tome VI, qu'il se trouvait dans le pignon occidental une petite fenêtre qui permettait de voir dans la halle, car si cette fenêtre avait existé, on devrait en retrouver des traces dans la maçonnerie, et c'est ce qui n'est pas.

(2) L'écran de Hampton-Court est décrit au tome 2, page 6, de nos *Spécimens*. Voir également, à ce sujet, la notice publiée en 1828 sur le palais d'Eltham par M. J. C. Buckler.

PALAIS ROYAL D'ELTHAM, COMTÉ DE KENT.

Suivant la coutume du temps, il se trouvait au haut bout de la halle, c'est-à-dire à l'opposite de l'écran ci-dessus, une plate-forme exhaussée de 3 à 4 marches et sur laquelle était dressée la table royale ou seigneuriale, tandis que les autres tables étaient rangées le long des grands côtés de la salle, dont le centre était occupé par un grand foyer ouvert, où l'on brûlait du bois et qui avait pour cheminée d'appel un lanternon à claire voie, de forme hexagonale, ainsi qu'on en peut juger d'après les débris qui en existent encore dans la charpente du toit. (1)

Comparée à toutes les halles du même genre, celle d'Eltham peut être considérée comme un chef-d'œuvre, autant sous le rapport de ses proportions que sous celui de l'art déployé dans sa construction. (2) Malgré l'état de ruine dans lequel elle se trouve maintenant, il est aisé de s'imaginer le coup d'œil magnifique qu'elle devait offrir dans ces jours de fête, où s'y trouvaient assemblés la famille royale et tous les grands personnages de la cour. (3)

Rien de plus triste que l'aspect actuel de ce noble édifice : en présence de ses fenêtres murées, de ses ornements mutilés et de sa charpente délabrée et couverte de poussière et d'épaisses toiles d'araignée, on ne peut se défendre de tristes réflexions sur la fragilité des grandeurs humaines !

---

(1) La halle du palais de Richmond était chauffée de la même manière, ainsi qu'il conste de la description qu'en ont faite les commissaires du parlement en 1649. — Voir, à ce sujet, *Vetusta Monumenta*, tome II.

(2) La halle qu'Édouard III fit construire au château de Windsor, et qui fut terminée en 1369, était longue de 108 pieds et large de 35. Avant que Charles II ne l'eût modernisé, son plafond était une voûte en bois. La halle de Christ-Church, à Oxford, qui fut fondée par le cardinal Wolsey, a pour dimensions 106 pieds sur 40. Au palais de New-Hall, près de Borcham, en Essex, la halle est longue de 90 pieds, large de 40 et haute de 40 au moins.

Halle du palais royal de Richmond : longueur, 100 pieds, largeur, 40.
» du collège de la Trinité, à Cambridge, » 100 » » 40 (milieu du XVIe siècle).
Guildhall, à Londres, ... » 153 » » 48 (1410).
Halle de Westminster . . . . » 238 » » 66 (1399).

(3) Pugin a donné une idée de cette ancienne splendeur de l'intérieur de la halle d'Eltham dans sa collection de lithographies ayant pour titre : *Series of views illustrative of the exemples of gothic Architecture*.

Planche I. — Voûtage de la loge qui se trouve en saillie dans le côté nord de la halle.

Ainsi que le fait voir la projection horizontale que nous en donnons ici, cette belle voûte ne compte pas moins de 40 clefs richement sculptées et dont les principaux sujets d'ornementation sont les insignes héraldiques d'Édouard IV, nommément le faucon à panon et la rose en soleil. La coupe centrale ici représentée est prise parallèlement au grand axe de la halle ; elle a pour but de montrer la courbure des nervures, l'épaisseur des claveaux et leur agencement.

Planche II. — Autres parties de la même loge.

La figure qui occupe le haut de cette planche est une coupe centrale, prise suivant un axe perpendiculaire à celui de la coupe précédente; elle fait, par conséquent, voir la coupe de la grande fenêtre géminée du fond de la loge, celle de son arcade de raccordement avec le mur de la halle, l'élévation de la fenêtre latérale de cette même loge, enfin une coupe double du voûtage, prise suivant les droites BB indiquées à la projection horizontale de la planche I, ce qui permet d'en mieux comprendre le mode de construction.

La figure placée au-dessous de la précédente est une coupe qui a pour objet de montrer l'arcade de raccordement susmentionnée, lorsqu'on la considère de l'intérieur de la loge, et de faire voir en même temps l'arc de décharge qui surmonte cette arcade pour soutenir le mur de la halle et la charpente.

Au bas de la planche se trouve l'élévation de la loge vue de l'intérieur de la salle et montrant, par conséquent, le réseau de la grande baie géminée qui occupe le fond de cette loge. Ce réseau est particulièrement remarquable par l'élégante forme des pointes de ses contrelobes en cymaise. (1)

---

(1) Il se trouve à Crosby-Hall, à Londres, un même dessin dans la décoration du plafond de la chambre du conseil. Le réseau du tombeau de Richard Carew nous en fournit un autre exemple. Voir, pour Crosby-Hall, la planche XLII, tome I, de nos *Spécimens*.

PALAIS ROYAL D'ELTHAM, COMTÉ DE KENT.

PLANCHE III. — Fenêtrage de la halle; console à cul-de-lampe d'une retombée de comble; autres détails.

La figure 1 donne, en élévation intérieure, une partie du fenêtrage de la halle, y compris un des culs de lampe en pierre qui soutiennent les retombées de comble. En ce qui concerne leurs formes, proportions générales et leur modinature, ces fenêtres ressemblent beaucoup à celles de la halle de Crosby, mais elles sont plus grandes, d'un moindre fini et moins ornementées; et, sous ce dernier rapport, les différences consistent surtout en ce que, aux fenêtres de Crosby-Hall, le jambage est garni de colonnettes, l'archivolte ornée de moulures et le réseau tout plein de broderies.

La fig. 2 reproduit, à l'échelle amplifiée, les détails d'une fenêtre, nommément les profils de jambage, d'allége, de meneau, etc.

La fig. 3 donne, en élévation, coupe et plan, l'une des consoles en cul-de-lampe qui soutiennent les retombées de comble, ainsi que la modinature de l'une de ces retombées. Ces culs-de-lampe en pierre ressemblent à ceux de la halle de Crosby, mais ils sont moins ornementés que ces derniers.

PLANCHE IV-V. — Coupe transversale et plan d'ensemble de la halle.

Cette coupe est prise suivant les lignes ABAB tracées sur le plan. La demi-coupe de droite passe par l'axe d'un comble et par celui de l'un des contreforts qui butent les murs jusqu'à la naissance des combles; on y voit aussi l'élévation extérieure de la fenêtre latérale de la loge du côté nord. La demi-coupe de gauche passe par le centre de la grande fenêtre de la loge du sud; elle fait voir la projection verticale d'un demi-comble, ainsi que l'élévation intérieure du petit côté occidental de la loge, dans laquelle on remarque, au-dessus d'une porte qui menait autrefois aux appartements (maintenant détruits) qui tenaient au mur de pignon de la halle, une fenêtre simulée, dont le tracé est exactement conforme à celui de la fenêtre réelle du petit côté opposé. On retrouve la même disposition dans le petit côté occidental de la loge opposée, avec cette différence, toutefois, que la porte qui s'y trouve débouche dans une étroite cage d'escalier, dont il ne reste plus que les murs et qui reçoit son jour d'une petite fenêtre, percée dans le mur même de la loge, mais tellement disposée qu'on ne peut la voir de l'intérieur de la halle.

Si l'on met en parallèle la halle d'Eltham et celle de Westminster, on trouve qu'elles ont beaucoup d'analogie dans leur disposition générale, bien que la dernière ait un module plus grand que la première. Le faîtage de Westminster-Hall est plus élevé que celui d'Eltham ; ici l'arcade de comble est en ogive surbaissée, tandis que là, elle est en ogive parfaite aiguë ; à Eltham, les retombées de comble sont plus courtes et ornées de pendentifs, tandis qu'à Westminster-Hall, elles le sont de figures d'anges; enfin, proportion gardée de leur longueur, les combles d'Eltham sont plus massifs que ceux de Westminster.

Le toit était autrefois bordé d'un parapet, non crénelé au sud et crénelé au nord. La corniche de ce dernier côté existe encore et est décorée de figures grotesques, tandis que, de l'autre côté, la corniche ne se compose que de quelques moulures simples. Quant aux deux loges, elles sont maintenant couvertes d'un toit ordinaire qui a sans doute remplacé la couverture ornementale primitive ; leur corniche, ornée de figures au centre et aux angles, existe encore, mais leur parapet de couronnement n'existe plus. L'ancien toit était très-probablement une plate-forme plombée ; celui actuel est à deux versants.

La coupe longitudinale, qui occupe la partie droite de la présente planche, montre la travée qui comprend la loge du sud et une partie de celle attenante; elle est prise suivant l'axe de faîtage et fait voir un compartiment du toit, ainsi que l'intérieur de la loge, surtout en ce qui concerne sa grande et belle fenêtre, dont les croisillons se trouvent de niveau avec la ligne d'appui du fenêtrage de la salle. (1) On donnait alors dans les édifices de ce genre une grande hauteur au mur d'allége, afin de pouvoir le couvrir de tentures, et ce n'est qu'à partir du règne d'Henry VIII que l'on commença à remplacer les tentures par des lambris ; la moulure que l'on remarque entre la corniche et la première panne formait probablement autrefois le sommet d'une frise ornementale dont l'objet était de cacher le pied des arbalétriers, ainsi qu'on le voit encore à la charpente de Crosby-Hall et de Christ-Church, à Oxford.

PLANCHE VI. — Principale porte de la halle.

Cette porte est aussi remarquable par la beauté de son dessin que par l'élégance de son ornementation ; elle fait contraste avec celle si simple qui lui correspond dans la

---

(1) On a eu l'indignité de démolir toute la moitié inférieure de cette belle fenêtre pour y livrer passage aux chariots.

muraille opposée de la salle. Son arc, qui est une ogive légèrement surbaissée, est également surmonté d'un arc de décharge.

La fig. 2 est un des tympans de cette porte : au centre de son réseau ornemental se trouve un soleil rayonnant ayant une rose en cœur. Or, comme cet insigne héraldique était celui de prédilection d'Édouard VI, nous croyons, contrairement à l'opinion assez généralement répandue jusqu'ici à ce sujet, que la fondation de la halle d'Eltham n'est pas antérieure au règne de ce prince.

Les fig. 3 et 4 sont des profils relatifs à cette porte, qui est tout-à-fait dans le même style que celle du palais épiscopal de Lincoln ; cette dernière comporte, dans son ornementation, les armoiries de l'évêque William Anlwick, mort en 1449 (voir nos *Spécimens d'Architecture gothique*, tome I, page 8, planche 39). On a aussi comparé la porte de la halle d'Eltham à celle de la halle de Hampton-Court ; mais l'arc de cette dernière est plus surbaissé, ainsi qu'on peut le voir à la planche XI, tome 2, page 7, des *Spécimens* précités.

PLANCHE VII. — Principaux détails de la charpente de la halle.

Ces détails, joints à ceux donnés jusqu'ici, complètent la description de cette charpente. Les beaux pendentifs, dont nous donnons ici les diverses projections, ont beaucoup souffert ; les petits pinacles et la broderie à jour qui les décoraient autrefois ont complètement disparu ; mais comme l'un d'entre eux les portait encore il y a quelques années, on en a conservé les dessins, et nous les avons reproduits au demi-trait sur notre planche pour que l'on puisse juger de leur ancienne beauté. (1) Nous ne terminerons pas la description de ce splendide type de charpente ancienne sans adresser nos remerciments à l'autorité qui en a naguère ordonné la restauration, et qui l'a ainsi sauvée de la ruine complète qui la menaçait ; mais, d'un autre côté,

---

(1) Il y a désaccord sur l'espèce de bois qui a servi à construire cette charpente : les uns y voient du chêne et les autres du noyer ; et le fait est qu'il est très-difficile de distinguer ces deux essences de bois quand les objets qui en sont faits ont un certain âge, surtout lorsqu'il s'agit de chêne provenant du continent, dont le grain est sensiblement plus fin que celui du chêne anglais. On a maintenant constaté qu'il ne se trouve aucune ferrure dans cette vaste charpente, dont tous les assemblages sont à mortaises, tenons et chevilles en bois, sauf cependant que l'applicage des moulures est fait au moyen de clous.

nous ne pouvons nous empêcher de regretter que les travaux de réparation n'aient pas été étendus aux autres parties de l'édifice, et que l'on n'ait pas senti la convenance non-seulement de débarrasser cette ancienne salle royale des vils hangars et échoppes qui l'encombrent, mais encore de la dégager des constructions vulgaires qui en obstruent les abords.

ÉGLISE DE OLD-WALSINGHAM, COMTÉ DE NORFOLK.

Les habitudes orgueilleuses de la société moderne ont, par l'introduction des *bancs fermés*, bien tristement altéré l'aspect intérieur de nos églises. (1) Autrefois, les fidèles, au lieu d'être parqués comme ils le sont maintenant dans des stalles carrées, étaient assis sur de longs bancs, fesant face au maître-autel et rangés de chaque côté de la nef. Ce genre d'ameublement s'encadrait parfaitement dans la disposition architecturale du temple, et son ornementation était toujours mise en harmonie de style avec l'édifice lui-même. Les colonnes montraient alors leurs bases sculptées jusqu'au pavement, tandis que, dans la plupart de nos églises actuelles, elles sont à demi-enterrées dans une masse informe de bancs entourés de clôtures en menuiserie vulgaire. Avoir un banc-d'œuvre distinct, c'était alors le privilége exclusif du seigneur de l'endroit ou de quelqu'autre grand personnage : aussi était-il fort rare, avant le règne d'Élisabeth, de voir dans une église plus de deux bancs-d'œuvre ; et ces bancs, dont l'emplacement habituel était au haut bout des bas-côtés, étaient souvent des espèces de tribunes ou petites chapelles, fermées par des écrans enrichis de broderies à jour et que surmontaient quelquefois des dais également ornés avec beaucoup de luxe.

---

(1) Pour bien comprendre la justesse de cette triste réflexion de Pugin, il faut avoir vu la disposition intérieure d'une église anglaise pendant qu'on y célèbre l'office.

T.

ÉGLISE DE OLD-WALSINGHAM, COMTÉ DE NORFOLK.

N°. 50. Planche I. — Prie-dieu et banc d'église.

On peut considérer les deux meubles dont nous donnons ici les détails comme des types de premier ordre du genre de bancs dont on garnissait les églises paroissiales.

Fig. 1. C'est le petit côté terminal d'un prie-dieu sans siége; il est sculpté dans le style ornemental, qui était en faveur au temps d'Henry VIII. Les fidèles s'agenouillaient sur son marchepied ou socle.

Fig. 2. Elle donne, vue de face et de côté, l'extrémité d'un banc à siége qui est d'une époque plus ancienne que celui précédent. Sa disposition offre une particularité qui mérite d'être remarquée et qui consiste en ce que le siége est un peu prolongé au-delà du dossier, de manière à y former un appui de bras pour les fidèles du banc suivant, lorsqu'ils s'agenouillaient pendant l'office.

On peut juger, d'après ces reliques d'anciennes boiseries d'église, que l'on y déployait, quant à la composition et à l'exécution, tout autant d'art architectural que dans l'édification des temples eux-mêmes. On les fesait avec d'épais madriers de chêne, et tous les assemblages en étaient à mortaises, tenons et chevilles de bois : mode de construction qui offrait le double avantage de pouvoir en pleine liberté couvrir ces boiseries de moulures et sculptures en haut-relief et d'assurer leur parfaite conservation pour des siècles; il est vrai que les artistes de ces temps-là n'avaient pas encore connaissance de cette maxime moderne : *la solidité du travail fait la ruine du commerce!*

ÉGLISE DE NEW-WALSINGHAM, COMTÉ DE NORFOLK.

N°. 51. Planche I. — Plafond en chêne.

Nous avons choisi ce plafond en bois comme type de ceux que l'on construisait au XV°. siècle dans les églises, ainsi que dans les châteaux et hôtels de l'aristocratie. Les panneaux en étaient tantôt à surface plane et tantôt inclinés vers le centre, à partir de l'encadrement. Leurs moulures et ornements étaient variés à l'infini et consistaient souvent en ciselures d'une extrême délicatesse et d'un fini précieux, qui en fesaient de véritables objets d'art. Jusqu'au temps d'Henry VIII, ces plafonds étaient généralement en bois de chêne; mais on commença dès lors à en faire en plâtre, et ce devint bientôt, grâce à l'économie qui en résultait, une coutume générale. On peut considérer le plafond ici représenté comme un beau modèle à imiter, si l'on voulait construire un salon richement ornementé dans le style du règne d'Henry VII. On pourrait l'exécuter en bois ou en plâtre; mais on conçoit que le chêne à grain fin et bien ciselé aura toujours un cachet de grandeur et de véritable beauté que ne pourrait jamais offrir le plâtre, quelle que pût être d'ailleurs l'habileté du peintre chargé de le décorer.

ÉGLISE DE FAKENHAM, COMTÉ DE NORFOLK.

Il se trouve, dans les comtés de Norfolk et de Suffolk, plusieurs belles églises paroissiales, construites pour la plupart dans le XV°. siècle, et dont quelques-unes ne remontent pas au-delà du règne d'Henry VIII. Les murs d'un grand nombre de ces édifices sont remarquables par leur mode de construction : c'est un appareil mixte, composé de compartiments dont les panneaux sont en silex inégaux, mais équarris et à joints raccordés, tandis que les encadrements sont en pierre de taille; ce qui, à l'aide de l'excellent ciment qui y a été employé, constitue une maçonnerie très-solide. Ce mode de construction avait l'économie pour but, car la pierre de taille ne se trouvant pas dans ces localités, on devait la faire venir de carrières fort éloignées. Au reste,

ÉGLISE DE FAKENHAM, COMTÉ DE NORFOLK.

les ouvriers de ces temps reculés ont su donner une telle perfection à la mise en œuvre de ces ingrats matériaux, que nous ne pouvons, sous ce rapport encore, nous empêcher de rendre hommage à leurs travaux et d'admirer leur habileté pratique.

L'église de Fakenham est un grand édifice qui se compose d'une nef flanquée de bas-côtés, d'un porche au sud, d'un chœur et d'un haut clocher. Elle fut construite au XV°. siècle, mais en majeure partie sous le règne d'Henry VI. (1)

N°. 52. Planche I. — Élévation et coupe du portail occidental.

Les armoiries royales qui figurent dans un des tympans de ce portail, ainsi que les H couronnés qui en décorent la frise, semblent se rapporter au monarque sus-nommé, dont la mémoire était autrefois honorée dans cette église par une lampe astrale qui y brûlait nuit et jour à son intention.

N°. 53. Planche II. — Niche de ce portail; détails de son ornementation.

C'est une des niches qui cantonnent ce portail. Rien n'est plus curieux que l'ornementation de leurs dais; aussi, en reproduisons-nous ici tous les détails. Ces niches sont vides, mais elles étaient bien évidemment destinées à recevoir des statuettes, très-probablement même celles de saint Pierre, patron de cette église, et de son ami l'apôtre saint Paul, ainsi que semblent l'indiquer les croix et glaives en sautoir qui sont sculptés sur les écussons de la frise et au cœur de l'un des tympans.

---

(1) Comme Henry Chichelé, cet archevêque de Canterbury dont nous avons eu occasion de vanter la munificence et les connaissances en architecture à l'occasion du Collége des Ames, avait des propriétés à Fakenham, il est à présumer qu'il contribua à la réédification de cet édifice.

CHATEAU D'OXBOROUGH, COMTÉ DE NORFOLK.

Le domaine seigneurial d'Oxborough est situé à l'angle sud-ouest du Norfolk, sur les confins du comté de Cambridge. Il passa aux Bedingfield, famille originaire du Suffolk, par le mariage du chevalier Edmond Bedingfield avec Marguerite, fille et héritière du chevalier Robert de Tuddenham. Sir Edmond, qui était un des plus zélés partisans de la branche d'York et qui jouissait, par conséquent, d'un très-grand crédit à la cour d'Édouard IV, obtint de ce souverain, en 1482, la permission d'établir telles tours et fortifications que bon lui semblerait à son château d'Oxborough; et c'est à la suite de cette licence royale que furent élevées les admirables constructions que nous allons décrire et qui constituent encore aujourd'hui la principale résidence de la famille baroniale des Bedingfield.

C'est un vaste édifice en briques, entouré d'un fossé large de 52 pieds et profond de 10; il se composait autrefois d'un quadrangle fermé, mesurant extérieurement 171 pieds du levant au couchant, un peu moins du nord au sud, et entourant une cour longue de 118 pieds et large de 92; mais on a abattu, en 1778, tout le côté sud de ce quadrangle, et ainsi ont disparu la halle qui en occupait le centre, la salle ordinaire à dîner, les principaux appartements de maître et les grandes cuisines, qui composaient ce côté.

La halle, grande de 56 pieds sur 29, avait son plafond en voûte lambrissée; elle était flanquée à son haut-bout de deux loges ou grandes baies en saillie, et se trouvait garnie, à son autre extrémité, d'un écran servant de vestibule et probablement aussi de galerie d'orchestre : ce qui était, ainsi que nous l'avons vu précédemment, l'ordonnance habituelle des halles du moyen-âge. Le porche de cette halle était adossé au côté du sud et se trouvait en face de la tour d'entrée du château. Cette tour, que nous allons décrire dans ses moindres détails et qui fort heureusement existe encore dans un parfait état de conservation, constitue assurément un des plus beaux spécimens de l'architecture semi-militaire du XV° siècle. Avant la mutilation dont nous venons de parler, le manoir d'Oxborough présentait un prototype complet de ces résidences seigneuriales à demi-fortifiées qui avaient succédé aux châteaux forts des premiers temps de la féodalité, et dont le trait caractéristique était de faire une part beaucoup plus large aux convenances de l'habitation, tout en conservant des moyens défensifs suffisants pour être à l'abri d'un coup de main, ainsi que pour résister aux attaques tumultueuses et peu méthodiques d'une guerre de partis. On a, sous le rapport du style, comparé ce château avec le collége de la Reine, à Cambridge : ces édifices datent d'ailleurs de la même époque, et tous deux ont été construits avec des matériaux de même nature. (1)

N°. 54. Planche I. — Élévation et coupe de la façade extérieure de la tour d'entrée.

Ce qui distingue surtout cette majestueuse façade, ce sont les deux tourelles octogonales qui la flanquent. Ces tourelles, qui sont à la fois de défense et d'observation, portent à fond du fossé, sont hautes de 80 pieds et produisent, grâce à la beauté de leurs proportions et aux panneaux à amortissements polylobés qui les décorent, ainsi qu'aux créneaux à rédents qui les couronnent, l'effet pittoresque le plus heureux. L'ancien pont à bascule qui donnait autrefois passage sur le fossé est maintenant remplacé par un pont moderne en pierre et composé de trois arches. La tourelle de droite, qui sert de cage à un escalier en vis entièrement voûté et construit en briques, ne reçoit de jour que par les meurtrières en quatre-feuilles encadrées que l'on voit sur les panneaux ; tandis que la tourelle de gauche se compose de quatre petites chambres, dont une à chaque étage. La chambre du rez-de-chaussée n'est également éclairée que par des meurtrières, dont les unes en quatre-feuilles et les autres en arbalétrières ; mais celles des étages le sont par de petites fenêtres à fermeture ornementée. Les deux grandes fenêtres composées qui se trouvent au centre de la façade éclairent les principaux appartements de ce donjon, et l'on remarque que celle supérieure est surmontée d'une arche en surplomb qui supporte le parapet et qui est disposée en guise de mâchicoulis. (2)

---

(1) Ce collége fut fondé par Marguerite d'Anjou, femme d'Henry VI ; la première pierre en fut posée en 1448. A cause des troubles qui agitèrent le règne de cet infortuné prince, cette courageuse reine ne put achever l'œuvre qu'elle avait fondée ; mais Elisabeth, femme d'Edouard IV, se chargea de la continuer, et le collége de la Reine fut achevé vers 1488. Il a subi depuis lors de grandes et nombreuses altérations.

(2) On voit, à l'hôtel du Recteur, à Hadleigh, comté de Suffolk, une tour d'entrée construite en briques et dans le même style que celle d'Oxborough, mais de moindres dimensions que cette dernière. Elle fut construite par le docteur William Pykenham, archidiacre de Suffolk, chancelier de l'évêque de Norwich et recteur de l'église de Hadleigh. Ce même personnage a fondé, en 1471, à Ipswich, une superbe résidence pour lui et pour ses successeurs à l'archidiaconat, ainsi qu'un hospice des pauvres à Hadleigh, en 1497.

Notons, en passant, qu'il se trouve, dans la tourelle carrée qui est accolée à l'extrémité du côté oriental du quadrangle, une cachette ou cabinet secret dont les dimensions sont strictement celles nécessaires pour qu'un homme puisse s'y tenir debout et couché. C'était probablement là que l'on sauvegardait, au temps des édits de persécution contre les catholiques, le prêtre chapelain d'Oxborough ; et ce qui tend à confirmer cette supposition, c'est, d'abord, que l'on ne pouvait entrer dans ce cabinet que par une trappe si habilement pratiquée dans le plancher de l'étage supérieur, qu'on n'eût pu en voir de trace quand elle était fermée ; ensuite, que l'on a découvert, en démolissant le côté sud du quadrangle, une autre cachette du même genre, pratiquée au-dessous d'une cheminée, et qui servait sans doute de retraite d'hiver au religieux proscrit. (1)

N°. 55. Planche II. — Échauguette octogonale suspendue à l'angle sud-est de la tour d'entrée.

Du côté du quadrangle, les angles de la tour d'entrée sont nus et droits jusqu'à la naissance du parapet, où s'élèvent deux échauguettes en encorbellement, dont la composition est tout-à-fait analogue à celle des tourelles de la façade extérieure. La présente planche donne, en élévation et en plan, l'une de ces échauguettes, ainsi que les détails du parapet contigu et de l'arcature corniche qui supporte ce dernier. Le plan est pris à hauteur de la ligne marquée B sur l'élévation : la disposition intérieure des meurtrières cruciformes y est parfaitement accusée. Les trous carrés que l'on remarque au centre des arcatures de corniches et de fenêtres n'ont probablement pas eu d'autre but que de servir aux poutrelles d'échafaudage des maçons, mais l'heureuse disposition qu'on leur a donnée fait qu'ils contribuent à l'ornemen-

---

1) Dans ces temps de triste mémoire, il se trouvait, dans la plupart des familles catholiques, des cachettes pour mettre les prêtres à l'abri des poursuites qu'exerçaient alors contre eux, avec un zèle odieux, les officiers appelés *poursuivants*. C'est grâce à des cachettes de ce genre que 'infortuné Charles II échappa aux poursuites de ses ennemis après la funeste bataille de Worcester, en 1651.

tation de l'ensemble. (1) Il règne d'ailleurs une parfaite harmonie de style dans tout ce qui compose cette admirable tour, et le fini de l'exécution y est, dans les moindres détails, digne de la composition.

N°. 56. Planche III. — Coupe longitudinale centrale et plans réduits de la tour d'entrée.

N°. 1. Cette coupe centrale fait voir la façade latérale des tourelles flanquantes, l'épaisseur des murs, la disposition des étages, la voûte en berceau du passage d'entrée, etc.

N°. 2. Ce plan par terre donne les dimensions du passage, des tourelles et des loges des portiers, ainsi que la disposition des voûtes du rez-de-chaussée, lesquelles sont toutes en briques et décorées de moulures.

N°. 3. C'est le plan du premier étage. Il ne se compose que d'une seule et grande salle, qui porte aujourd'hui encore le nom de *chambre du Roi*, en commémoration de la visite que Henry VII y rendit à sir Henry Bedingfield après la victoire remportée sur les rebelles, en juin 1487, à Stoke, près Newark sur la Trente, bataille où ce gentilhomme s'était signalé et à la suite de laquelle le roi lui fit don de trois manoirs situés dans le Yorkshire. Le plafond de cette chambre est un lambrissage à panneaux moulurés en chêne; son plancher est en petites briques, et l'on y

---

(1) Si ces trous carrés n'avaient été destinés qu'à servir de soutien aux échafaudages de maçons, on devrait en rencontrer de semblables dans la façade principale de la tour; or, comme cela n'est pas, nous croyons qu'ils avaient à la fois pour but de servir, à défaut de mâchicoulis, à jeter des projectiles sur l'ennemi, ou bien encore à dresser au sommet de la tour de ces échafauds de défense que l'on appelait *hourds* et dont la nature et l'emploi sont fort bien expliqués dans le passage suivant des *Instructions du Comité des Arts du royaume de France* (3°. cahier, page 40):

« En cas de siége, pour augmenter la hauteur des tours, ou pour suppléer à l'insuffisance des couronnements, on élevait des échafauds en bois sur lesquels se tenaient les hommes d'armes. Dans beaucoup de forteresses anciennes, des *trous* ou des corbeaux, disposés dans la maçonnerie de distance en distance, paraissent avoir servi à soutenir ces échafauds, que l'on plaçait aussi, comme il semble, à l'extérieur des murailles qui n'avaient point de mâchicoulis. C'est peut-être à ces charpentes improvisées que les mâchicoulis en pierre ont dû leur origine. Le nom de ces échafauds était *hourd*, en latin hurdicium. »

T.

conserve encore aujourd'hui l'ameublement qu'elle avait à l'époque de la royale visite susmentionnée.

N°. 57. Planche IV. — Façade de la tour du côté du quadrangle; plan par terre du château, et plan de la tour à la naissance du parapet.

Fig. 1. Cette façade n'a pas le cachet de grandeur et de force de celle extérieure; mais, outre les charmantes échauguettes qui la cantonnent, le nu de son mur est heureusement relevé par les deux demi-tourelles octogonales qui encadrent la porte, et dont le gracieux fenêtrage éclaire les loges des portiers et les grandes chambres des étages, auxquelles ces fenêtres servent d'oriels ou de loges.

Fig. 2. C'est un plan de la tour pris à la naissance des parapets de couronnement. On y remarque des souches de cheminées octogonales, dont nous n'avons pas encore parlé, parce qu'elles ont été démolies jusqu'à la hauteur de leur base, ainsi qu'on le voit, en demi teinte, en arrière du créneau central du parapet de la fig. 1 ; sauf cette altération, la tour se trouve complètement encore dans son état primitif.

Fig. 3. C'est le plan général du château tel qu'il était avant la suppression du côté sud du quadrangle.

N°. 58. Planche V. — Détails d'ornementation de la façade extérieure de la tour.

N°. 1. Meurtrière en quatre-feuilles de l'une des tourelles, avec son encadrement en arc polylobé et le cordon en arcature polylobé qui lui sert d'appui.

N°. 2. Coupe centrale d'idem.

N°. 3. Élévation d'une meurtrière cruciforme.

N°. 4. Coupe d'idem.

N°. 5. Galbe de l'archivolte de la porte d'entrée.

N°. 6. Élévation d'une partie de la grande fenêtre composée du 1er. étage.

A. Galbe d'un meneau d'idem.

B. Galbe d'un croisillon ou traverse d'idem.

Cette grande fenêtre est presque carrée. Elle est simple et s'adapte fort bien à l'architecture civile. L'exhaussement du croisillon ogivé du compartiment central des jours inférieurs fait un fort bon effet en rompant la monotonie de la ligne droite.

La fenêtre de l'étage supérieur est plus petite que la précédente, mais en parfait accord de style avec elle.

MANOIR DE WOLTERTON, A EAST-BARSHAM,

COMTÉ DE NORFOLK.

Il est vraiment regrettable qu'une description architecturale complète de ce curieux édifice n'ait point été faite avant que les ravages du temps eussent rendu cette tâche impossible : nous croyons, en effet, qu'il serait difficile de produire un spécimen plus remarquable pour prouver le degré de perfection et de puissance auquel nos pères étaient parvenus à porter l'art de construire en briques ; et lorsque l'on considère l'immense travail qu'ont dû coûter la pompe héraldique et les riches broderies jetées à profusion sur des murs uniquement composés de matériaux si ingrats, on ne peut s'empêcher de s'écrier avec le poète : *materiam superabat opus*! Dans son *Histoire du comté de Norfolk*, écrite il y a un siècle environ, Blomefield rapporte avoir visité le Manoir d'East-Barsham et l'avoir trouvé en ruine. Depuis lors, on le conçoit, cet état n'a pu que s'aggraver : aussi l'une moitié des bâtiments n'est-elle plus maintenant qu'un monceau de décombres, tandis que l'autre moitié, bien qu'entretenue en état d'habitation, est tellement mutilée et travestie, qu'il est devenu presqu'impossible de se faire une idée exacte de ce que fut l'édifice à son origine.

John Adey Repton publia, en 1808, dans le tome IV des *Vetusta monumenta*, une notice, un plan et plusieurs vues de la halle du Manoir de Wolterton ; et l'on trouve dans le tome II des *Antiquités architecturales* de Britton d'autres dessins de cette même halle. Ce sont ces publications qui ont fait connaître et apprécier ce spécimen curieux de la dernière période gothique, et l'on a fait depuis lors, au profit de nos châteaux modernes, plus d'un emprunt à son splendide système d'ornementation en briques taillées et moulées.

La construction en fut commencée sous le règne d'Henry VII par le chevalier Henry Fermor, qui était devenu propriétaire du domaine de Wolterton par son mariage avec l'héritière de la famille Wode ou Wood ; mais ce n'est que 40 années plus tard qu'elle fut achevée par les soins de William, fils du fondateur. On suppose avec raison qu'il existait sur le même emplacement un bâtiment plus ancien, dont quelques parties furent conservées et incorporées au nouvel édifice, et que c'est là la cause de l'irrégularité du plan de ce dernier. La famille des Fermor resta en possession de ce domaine jusqu'au règne de Charles Ier., époque à laquelle il passa à celle des Calthorpe. Au temps de Charles II, un sir Christophe Calthorpe, chevalier du Bain, étant mort sans laisser de progéniture mâle, East-Barsham échut en héritage à sa fille Anne, qui épousa sir Thomas l'Estrange de Hunstanton ; et comme ce dernier continua à résider au château de sa famille, il est probable que celui des Fermor fut abandonné et négligé, et que c'est à cette circonstance que son dépérissement prématuré doit être attribué. Enfin, sir Henry l'Estrange, dernier baronnet de ce nom, étant mort en 1760 sans laisser d'héritier mâle, et sa nièce Lucy l'Estrange, ayant épousé sir Jacob Astley, le Manoir passa à la famille de ce dernier, qui le possède maintenant encore. (1)

East-Barsham est situé entre les villes de Walsingham et de Fakenham, à 10 milles environ de la côte. L'emplacement des bâtiments a été fort heureusement choisi, car leur façade principale est exposée au sud et abritée du côté du nord par une chaîne de collines. Ce n'est ni un château fort, ni un de ces manoirs types à demi fortifiés dans le genre de ceux que nous avons précédemment admirés, mais bien une construction purement domestique, une de ces résidences aristocratiques, aussi remarquables par leur confort intérieur que par leur somptuosité extérieure, et qui appartiennent nécessairement à l'histoire de l'art, malgré leurs défauts et peut-être même à cause de leurs défauts, puisque ceux-ci caractérisent la transition du style gothique fleuri à celui de la Renaissance. (2)

N°. 59. PLANCHE I. — Elévation et plan de la façade principale.

A l'aide de la légende mise en regard du petit plan d'ensemble que comporte cette planche, on peut se faire une idée complète de l'ancienne distribution des pièces principales du rez-de-chaussée.

---

(1) Le château de Hunstanton, situé aussi dans le Norfolk et qui fut pendant plusieurs siècles la résidence de la famille des l'Estrange, a fini par subir le même sort que celui d'East-Barsham : il est maintenant complètement en ruine. C'était un noble édifice de forme quadrangulaire et dont la construction remontait à la fin du XVe. siècle.

(2) Bien qu'on ne trouve plus à East-Barsham aucune trace de fossé d'enceinte, il est plus que probable qu'il y en eut un autrefois et qu'il fut comblé au temps où ce moyen de défense devint inutile.

MANOIR DE WOLTERTON, A EAST-BARSHAM, COMTÉ DE NORFOLK. 67

Il est bien entendu que la grande façade n'existe plus en entier, ni telle que nous la reproduisons ici; mais nous pouvons donner l'assurance que, en essayant de la reconstituer graphiquement dans son état primitif, nous nous sommes conformé aussi strictement que possible au caractère de l'ensemble et au style des parties qui en sont encore debout et bien conservées. Cette façade, qui a 140 pieds de longueur totale, est subdivisée en 7 compartiments inégaux, dont le porche occupe le centre. Sous ce porche se trouvait autrefois la principale porte d'entrée, laquelle accédait directement dans la halle. Les dimensions de celle-ci, qui est maintenant complètement en ruine, étaient de 41 pieds sur 22; elle avait pour plafond une voûte plate en briques; contrairement à l'ordonnance antérieurement suivie dans la construction des grandes salles de ce genre, il se trouvait à son haut-bout une grande cheminée adossée au mur de pignon, et une seule loge ou grande fenêtre se projetait en saillie sur la grande façade; dans le pignon du levant était percée une porte qui menait aux offices et à d'autres pièces maintenant converties en habitation de fermier. Les appartements qui étaient adossés au côté nord de la halle ont été démolis, et il ne reste plus que quelques traces du parloir qui tenait à son pignon du couchant, et qui, long de 25 pieds et large de 21 1/2, était éclairé à l'occident par une grande fenêtre en saillie, donnant sur une terrasse et ayant 9 1/2 pieds de long sur 7 1/2 de large. Comme on verra dans les planches suivantes les parties principales de l'édifice exposées dans tous leurs détails caractéristiques, nous croyons inutile de pousser plus loin cette description générale; toutefois, nous ferons remarquer, en la terminant, que tous les murs et voûtes sont en briques; que toutes les moulures et autres parties ornementales sont également en briques taillées ou moulées; enfin, que les toitures étaient et sont encore en tuiles.

N°. 60. Planche II. — Façade extérieure de la porte d'enceinte.

La façade principale du château avait pour parvis une avant-cour dans laquelle on entrait par une porte qui se trouvait précisément en face du porche de la halle; cette porte d'enceinte était encadrée par une suite d'étroits bâtiments de service prenant leur jour sur la cour et percés vers l'extérieur d'étroites meurtrières de défense ou d'ornementation. Ces bâtiments n'existent plus, mais la belle porte est encore debout. Sa façade extérieure est richement décorée dans le goût de la dernière période gothique; le grand écusson qui en occupe le centre est celui d'Henry VIII. Il est flanqué de deux écus plus petits aux armes des Fermor en parti avec celles des Stapleton et d'une autre famille, tandis que l'écusson qui se trouve dans la frise ornementale qui couronne la fenêtre porte les seules armoiries des Fermor. Les deux statues de grandeur naturelle qui cantonnent la porte sont tellement détruites, qu'il est difficile d'en distinguer les formes. Blomefield les appelle *sauvages* ou *géants*, et dit qu'elles portaient des massues à la manière des *Janitores* de l'antiquité. (1) Ce qui rend surtout ces statues remarquables, c'est qu'elles sont, de même que le grand écusson royal ci-dessus décrit, taillées dans la brique. Les jambages de la porte sont en pierre calcaire et les autres parties ornementales en terre cuite moulée. Cette façade se trouve encore en bon état de conservation, mais les deux tourelles ont été démolies, et le parapet de couronnement, qui tombait en ruine, ayant dû être restauré, il y a quelques années, l'a été d'une manière qui laisse beaucoup à désirer sous le rapport de l'exécution. (2)

N°. 61. Planche III. — Façade intérieure de la porte d'enceinte.

Elle est dans le même style, mais plus simple que celle extérieure. Des deux écussons qui en décorent les tympans, l'un est aux seules armes des Fermor et l'autre, aux mêmes armes en parti avec celles des Knevet.

Les deux façades qui font l'objet de cette planche et de la précédente ont un cachet de grande élégance et sont pures de tout mélange de ce style italien que l'on voit poindre et s'étendre dans la plupart des édifices qui datent du règne d'Henry VIII. Le passage n'est pas voûté : il a pour plafond le plancher de l'étage qui le surmonte, et auquel conduit un escalier placé dans une tourelle accolée au flanc occidental du bâtiment. La porte était autrefois fermée par deux vantaux qui n'existent plus, et rien n'indique qu'elle ait jamais été pourvue d'une herse ou de tout autre moyen de défense.

N°. 62. Planche IV. — Porche du manoir.

Nous avons déjà dit que ce porche constituait l'entrée principale du château et qu'il donnait immédiatement accès à la halle. L'époque de sa construction est fixée par

---

(1) Le janitor, ou portier romain, était armé d'une baguette et non pas d'une massue. T.
(2) On trouve dans les *Antiquités architecturales* de Britton, tome II, ainsi que dans le tome IV des *Vestuta Monumenta*, une vue de cette porte d'enceinte dans l'état de délabrement où ses créneaux et tourelles se trouvaient en 1807. Il n'y avait plus alors debout que la tourelle de l'angle nord-est, telle que nous la reproduisons plus loin, planche VII, n°. 2.

MANOIR DE WOLTERTON, A EAST-BARSHAM, COMTÉ DE NORFOLK. 69

l'écusson aux armes d'Henry VII qui le décore et dont les pièces caractéristiques sont le griffon et le lévrier, comme supports, et la herse comme meuble extérieur. (1) Au-dessous de ce blason royal se trouve un petit écu porté par un ange, et l'on en voit deux autres dans les tympans de la porte aux seules armes de Fermor. Nous donnons ici la façade du porche telle qu'elle était autrefois ; mais elle a beaucoup souffert dans sa partie supérieure, et son ancienne toiture a été remplacée par un simple appentis. Si l'on compare, comme style, la composition de la façade de ce porche avec celle générale de l'édifice, on est frappé du désaccord auquel donnent lieu l'amortissement ogival de ses fenêtres d'étage et surtout l'acuité de l'arc de sa porte.

N°. 63. Planche V. — Grande fenêtre ou loge de la halle.

La halle ne constituait pas un bâtiment isolé : c'était une grande salle, comprise dans le corps de logis principal, surmontée d'un étage et embrassant en longueur les 2°. et 3°. compartiments de la façade. La grande fenêtre en loge qui éclairait son haut-bout était autrefois ornée de riches vitraux colorés, dont il ne reste plus que la description que Blomefield en a faite dans son *Histoire du Norfolk*. On y lisait inscrite sur plusieurs banderolles la devise : *Audaces fortuna juvat*, et les six jours que comportait cette verrière avaient pour sujets de peinture des écussons aux armes des familles alliées à celles de Fermor et de Calthorpe, savoir :

Howard, duc de Norfolk et Brotherthon (écartelées);
Comte de Warren et de Moubray (insigne de la Jarretière en orle);
Percy, comte de Northumberland, en partition avec les Lucy, les Poynings, les Fitzpane, les Bryan (Jarretière en orle);

---

(1) Richard II fut le premier souverain d'Angleterre qui ajouta des *tenants* à son écusson; ses successeurs suivirent son exemple, mais changèrent souvent la nature de leurs tenants. Ceux de Jacques Ier. étaient le lion anglais et la licorne écossaise. Henry VII adopta un dragon de gueules, insigne du dernier roi breton Cadwallader, dont il prétendait descendre, et un lévrier d'argent, du chef d'Élisabeth, sa femme, qui descendait de la famille de Nevile; quant à la *herse* dont il meubla son écusson, c'est une pièce extérieure, empruntée aux armoiries de la maison de Beaufort, à laquelle il était allié par sa mère. Henry VIII, qui avait conservé le blason de son père dans les premiers temps de son règne, y substitua plus tard le lion au lévrier; et son écusson, ainsi modifié, est encore celui des rois d'Angleterre.

Knevet, en partition avec les Cromwell, les Tatteshall, les Clifton, les Basset, etc. ; Lucee ou Gascoigne (champ d'argent au pal de sable meublé d'une tête de congre); Barry (gironné d'argent et de gueules de 6 pièces — millésime 1538). (1)

A la gauche de cette grande fenêtre s'en trouve une étroite qui éclairait autrefois un petit cabinet qui séparait la halle du parloir. Ce parloir n'existe plus ; il en reste à peine de quoi pouvoir juger de ses anciennes dimensions. D'après la description de Blomefield, il était richement décoré de sculptures et de vitraux peints ayant pour sujets des écussons aux armes des Wood, des Berny, des Yelverton, des Knevet, des Coote, etc., en partition avec celles des Fermor. (2) Parmi les ornements héraldiques du manteau de la cheminée se trouvait une banderolle portant la devise : *Fortior est qui se, quam qui fortissima vincit* ; (3) et l'on voyait, au centre du plafond voûté de cette salle, un bas-relief en chêne, représentant les cinq plaies du Christ (*quinque vulnera*) et portant en orle l'invocation litanique : *The passion of God, help me!* (passion du Seigneur, ayez pitié de nous !)

Au-dessus de la halle et du cabinet dont nous venons de parler se trouvaient un autre cabinet et une grande pièce que Blomefield appelle nourricerie (nursery), et dont les lambris, en bois de chêne, étaient ornés de médaillons sculptés représentant des bustes d'hommes et de femmes vêtus à l'antique, ainsi que de nombreux écussons aux armes des familles que nous avons déjà nommées. (4) Le plafond, le lambrissage et le plancher de cette chambre n'existent plus depuis longtemps.

---

(1) D'après M. Gough, il se trouvait autrefois peinte sur une autre verrière de ce château une généalogie héraldique des Calthorpe depuis la conquête des Normands jusqu'au milieu du XVIIe. siècle. Les 50 à 60 médaillons losangés qui la composaient existent encore en majeure partie : ce sont des vitraux d'une belle exécution, et ils ornent maintenant, à East-Barsham, une des fenêtres de la bibliothèque de Sir John Fenn, allié à cette noble famille par sa femme.

(Voir, à ce sujet, la *Britannia* de Camden, tome II, page 196, 2e. édition, 1806.)

(2) L'écu des Fermor est à champ d'argent, meublé d'une croix en sautoir cantonnée de pênes de serrure, et abaissé sous un chef portant une ancre pour pièce honorable. Ces pênes sont des armes parlantes faisant allusion au nom *fermor*, corruption de *fermoir*. T.

(3) Paraphrase de ce verset des proverbes de Salomon : *Celui qui est maître de son esprit vaut mieux que celui qui force les villes.* (Chapitre XVI, v. 32.)

(4) Ce genre de médaillons était très à la mode dans la décoration architecturale du XVIe. siècle. Nous en rencontrerons plus loin de semblables au presbytère de Great-Snoring.

MANOIR DE WOLTERTON, A EAST-BARSHAM, COMTÉ DE NORFOLK.

La façade de la halle est extrêmement curieuse pour son mode d'ornementation. Les écussons, médaillons, monogrammes, insignes héraldiques et autres sujets qui en décorent les cordons et tourelles, sont en briques moulées. (1)

N°. 64. PLANCHE VI. — Donjon du manoir.

Ce donjon fait partie du corps même du château et en constitue la partie la plus remarquable. Il est à trois étages, chaque étage composé d'une seule pièce à voûte d'arête et à nervures, sauf celle supérieure. L'escalier en vis qui y mène est logé dans la tourelle de droite. On suppose que les deux chambres voûtées et pavées en briques servaient de trésorerie et de dépôt des archives de famille, tandis que la chambre à foyer du troisième étage était la bibliothèque ou le cabinet d'étude du châtelain, ainsi que c'était alors la coutume.

La plate-forme du donjon servait de poste d'observation et de signaux dans les temps de troubles civils. (2)

N°. 65. PLANCHE VII. — Élévations et plans de tourelles.

De toutes les grandes et petites tourelles qui décoraient autrefois la façade du manoir, il ne reste plus que celle adossée au pignon extrême de l'est. Nous la reproduisons ici sous le n°. 1, et c'est à l'angle nord-est de la porte d'enceinte qu'appartient la petite tourelle n°. 2 de cette planche.

Tout en admettant que l'on puisse contester le goût de leur ornementation, on doit cependant reconnaître que toutes ces tourelles devaient produire un grand effet dans l'aspect général de l'édifice. La forme des contreforts octogonaux auxquels ces tourelles servent d'amortissement pourrait peut-être bien aussi être critiquée, mais c'est là une question de goût que nous laissons à l'appréciation des architectes. (3)

---

(1) Parmi ces ornements, on remarque les monogrammes royaux H. R. (Henricus Rex) et E. R. (Elisabetha Regina), le lion rampant des Stapleton et la rose royale dont nous avons déjà eu l'occasion de parler.

(2) Jusqu'au règne d'Élisabeth, c'était sur les clochers d'église et les tours de château que s'établissaient les signaux pour le service public.

(3) A l'occasion de l'extrême réserve que montre, comme critique, l'auteur du texte que nous traduisons ici, nous prendrons la liberté de faire remarquer que, au lieu de s'étendre sur des

72 MANOIR DE WOLTERTON, A EAST-BARSHAM, COMTÉ DE NORFOLK.

N°. 66. Planche VIII. — Détails ornementaux de la façade extérieure de la porte d'enceinte.

N°. 1. Élévation et coupe du parapet crénelé et du cordon ornemental faisant corniche.

N°. 2. Fragment du cordon ornemental qui sépare le rez-de-chaussée de l'étage.

N°. 3. Retombée de l'arche de la porte, janitor et son dais.

N°. 4. Réseau ornemental d'une tourelle.

N°. 5. Profils divers de la porte et de la fenêtre.

Tous ces détails sont d'un excellent goût.

N°. 67. Planche IX. — Souche de cheminées.

Cette souche, qui était adossée au mur de pignon occidental de la halle, comprenait dix tuyaux, dont deux pour la halle, deux pour la nourricerie, deux pour la chambre du troisième étage et deux pour les greniers. (1)

On rencontre rarement dans les édifices de cette époque une souche aussi considérable que celle-ci, et il serait difficile d'en trouver une qui pût lui être comparée sous le rapport de la richesse d'ornementation. A quelques petits détails près, cette souche se trouve encore en fort bon état de conservation.

Ainsi que le montre le plan que nous en donnons ici, les tuyaux de cette cheminée sont cylindriques et composés de grandes briques moulées dont les dessins d'ornementation sont différents pour chaque tuyau.

N°. 68. Planche X. — Détails d'ornementation de cette souche de cheminées.

Outre les cinq modèles de grandes briques bombées et moulées qui composent les tuyaux, nous reproduisons sur cette planche quelques-uns des carreaux qui en décorent la plinthe. On croit que les deux figures sont celles d'Henry VII et d'Élisabeth d'York, sa femme.

---

descriptions de blasons, qui sont toujours d'inutiles hors-d'œuvre lorsqu'elles n'ont pas pour but d'élucider quelque question d'origine ou de date, il eût beaucoup mieux fait de donner sur les monuments qu'il décrit plus de renseignements archéologiques. Quelque secondaire que soit la question du texte dans un ouvrage du genre de celui-ci, nous pensons cependant que M. Wilson aurait pu le rendre plus utile et plus digne de l'œuvre de Pugin. T.

(1) Les cheminées des halles, cuisines et autres grands appartements avaient ordinairement deux tuyaux et quelquefois davantage; c'est ainsi que la cheminée de la halle de Chillington en avait huit. (Voir Le Staffordshire de Plot, page 359.)

MANOIR DE THORPLAND, COMTÉ DE NORFOLK.

N°. 69. Planche XI. — Détails ornementaux de la façade intérieure de la porte d'enceinte. — Autres détails.

Comme la nature de ces détails est spécifiée à la légende mise au bas de cette planche, il suffit de mentionner ici que les écussons de la figure 4 sont aux armes des Wood et des Stapleton, tandis que celui de la figure 6 est aux armes des Fermor, en partition avec celle d'une autre famille.

N°. 70. Planche XII. — Détails du donjon et du porche.

N°. 1. Tracé de la fenêtre du premier étage du donjon. (Voir pl. VI.)
N°. 2. Idem idem du rez-de-chaussée d'idem. (Idem.)
Les meneaux, jambages, etc., de ces fenêtres sont en briques.
N°. 3. Compartiment du cordon ornemental qui sépare le rez-de-chaussée d'avec le premier étage. (Voir planche VI.)
N°. 4. Jambage et archivolte de la porte du porche. (Voir planche IV.)

MANOIR DE THORPLAND, COMTÉ DE NORFOLK.

Bien que le hameau de Thorpland soit contigu à East-Barsham, et qu'il se trouve éloigné de deux milles environ de Fakenham, il constitue cependant une dépendance de cette dernière ville. Il s'y trouvait autrefois une chapelle dédiée à saint Thomas et ressortissant à la paroisse de Fakenham. D'après Blomefield, le manoir de Thorpland, propriété allodiale de la famille des Fermor au commencement du XVI°. siècle, n'était plus, sous le règne d'Élisabeth et entre les mains de sir Thomas Fermor, écuyer, qu'un fief dépendant du duché de Lancastre. Ce manoir, de même que celui d'East-Barsham, passa ensuite en la possession des Calthorpe; et l'on a conservé plusieurs lettres portant la date de 1680 et qui furent écrites de cette résidence par sir Christophe Calthorpe.

Il suffit de comparer entre eux les châteaux de Wolterton et de Thorpland pour être convaincu qu'ils datent de la même époque et qu'ils furent fondés par des membres de la famille Fermor. Le dernier étant beaucoup moins important que le premier, il est probable qu'il avait pour destination de servir de résidence à la douairière du chef de la famille ou bien à la branche cadette. Bien que, sauf en ce qui concerne la beauté de certains détails, le manoir de Thorpland soit inférieur, sous le rapport architectonique, à celui de Wolterton (ou East-Barsham), il n'en constitue pas moins un type remarquable dans son genre ; et, comme il se trouve d'ailleurs encore en parfait état de conservation, nous croyons que les architectes qui l'étudieront pourront y rencontrer plus d'un sujet digne d'imitation.

N°. 71. PLANCHE I. — Façade principale du manoir.

La disposition de cette façade serait symétrique, si le porche en occupait exactement le centre, et si, d'ailleurs, les fenêtres non ornementées et à compartiments rectangulaires dont elle est percée ne présentaient quelques légères irrégularités. Le couronnement de la façade doit avoir perdu son ornementation primitive, car il est peu probable qu'il ait toujours été dans son état actuel de nudité ; et comme rien n'indique qu'il s'y soit jamais trouvé de créneaux, ni de parapet, il est permis de supposer que, conformément à ce qui se faisait généralement alors dans les constructions de ce genre, cette façade fut, à l'origine, surmontée d'une corniche composée de plâtre ornementé et de moulures en bois. On est frappé du contraste que présentent la simplicité générale de l'édifice et le luxe décoratif des souches de cheminées. Les murs sont en silex, les cheminées et les angles en briques, mais les encadrements de fenêtres sont en pierre de taille.

N°. 72. PLANCHE II. — Détails des cheminées, du gable, etc.

N°. 1. Ainsi qu'au manoir d'East-Barsham, les tuyaux de ces cheminées sont formés de fortes tuiles moulées dont les sujets de décoration sont : le lion rampant des Stapleton, le lis héraldique, des treillis losangés, etc.

N°. 2. Plan des cheminées, avec projections respectives de leurs chapiteaux curvilignes et de leurs bases octogonales.

N°. 3. Élévation et coupe de l'un des murs de pignon avec souche de cheminées et contreforts angulaires et octogonaux à pinacles : le dessin de l'ensemble en est remarquablement beau, mais celui des cheminées est vraiment magnifique. Pour que l'on en puisse mieux juger, nous donnons, à l'échelle amplifiée, en A, l'élévation d'un pinacle ; en B, le plan d'idem, et, en C, le profil du chaperon du pignon.

N°. 73. PLANCHE III. — Porche d'entrée.

N°². 1 et 2. Élévation et coupe du rez-de-chaussée et du petit entre-sol de ce porche.
N°. 3. Plan d'idem.

Le chambranle de la porte est en bois de chêne, orné dans le même goût que la maçonnerie de l'édifice ; la porte elle-même est encore celle primitive ; elle a pour seul ornement son marteau et sa poignée.

N°. 4. Plan du jambage de la porte et son élévation vue de l'intérieur du porche.

Tous ces détails méritent d'autant plus de fixer l'attention de l'archéologue et de l'architecte, qu'ils sont de nature à les initier complètement à la connaissance de notre vieille architecture domestique, dont les spécimens deviennent tous les jours de plus en plus rares.

PRESBYTÈRE DE GREAT-SNORING, COMTÉ DE NORFOLK.

Le village de Great-Snoring est situé dans le voisinage immédiat d'East-Barsham et de Thorpland. Sa maison curiale actuelle est un ancien manoir qui nous offre un nouveau type bien remarquable de notre vieille architecture domestique. Si l'on en juge d'après son style, sa fondation doit remonter au règne de Henry VIII; et l'on peut supposer, d'après les *coquilles* et *tonnelets* que l'on y voit sculptés en divers endroits, que cet édifice eut pour fondateur un membre de la famille des Shelton (*shel*-coquille, *ton*-tonneau), car, à l'époque dont il s'agit, il était fort à la mode de jouer ainsi sur les noms pour en faire des rébus ou armes parlantes. Le domaine seigneurial de Snoring échut en héritage à la famille des Shelton, sous le règne d'Édouard III, et resta en sa possession jusqu'en 1611, époque à laquelle Sir Ralph Shelton le vendit à Thomas Richardson, avocat du roi et plus tard lord-chef de justice du Banc du roi. Ce sir Ralph, dernier héritier mâle du nom de Shelton, fut tué à l'île de Rhé en 1628.

N°. 74. Planche I. — Façade du sud, fenêtre et détails d'ornementation.

Ce curieux édifice a subi tant d'altérations qu'il est devenu impossible de se faire une idée exacte de son état primitif. La façade du levant n'étant pas d'équerre sur celle ici représentée, on a cru pouvoir en inférer, vu certains débris encore existants, que l'édifice consistait, à l'origine, en un pentagone cantonné, à chacun de ses angles, d'une tourelle semblable à celle qui décore l'extrémité sud-est actuelle. Les murs sont en briques et les ornements en épaisses tuiles très-artistement moulées et parfaitement appropriées à leurs destinations respectives. Les cordons ornementaux qui règnent au milieu et au sommet de la façade sont dans le même genre que ceux que nous avons vus à Wolterton. La partie supérieure des tourelles est garnie d'un réseau fort élégant; mais ces tourelles ayant perdu leur couronnement primitif, on ne peut savoir s'il consistait en pinacle, flèche ou parapet crénelé. La cheminée a été démolie et reconstruite en un style simple, et les fenêtres, ainsi que la porte du rez-de-chaussée, sont maintenant murées. Les fenêtres de l'étage sont d'un fort bel effet, malgré la modestie de leurs proportions : nous en donnons, fig. 2, le tracé en grand ; leurs jambages et linteaux sont ornés d'un cavet garni de coquilles et de tonnelets alternés qui font, comme nous l'avons déjà dit, allusion au nom de Shelton. L'ornementation du cordon supérieur, reproduit partiellement fig. 3, participe évidemment du style italien, dit de la Renaissance : les têtes et arceaux en haut-relief qui le composent sont, ainsi que les dessins courants qui en décorent les moulures supérieure et inférieure, d'un fini et d'une délicatesse remarquables.

N°. 75. Planche II. — Porte et détails ornementaux.

N°. 1. Cette porte, qui date évidemment de la même époque que l'édifice, est un spécimen curieux dans son genre : les panneaux en sont richement sculptés, et les monogrammes de Jésus et Marie (JHC et M) qui ornent les petits panneaux médians extrêmes prouvent incontestablement que cette construction est antérieure au temps de la réforme de l'Église d'Angleterre. (1)

N°. 2. C'est une des petites niches angulaires de la tourelle.

N°. 3. Ce compartiment appartient à la partie inférieure du réseau ornemental de la tourelle.

N°. 4. Compartiment supérieur du même réseau.

N°. 5. Compartiment du cordon ornemental qui sépare le rez-de-chaussée d'avec l'étage. (2)

Le larmier supérieur de ce cordon est semblable à celui inférieur du cordon de couronnement ou de corniche : son canal est orné d'une suite de petits écussons meublés d'une croix et supportés par des chiens, tandis que la moulure inférieure de ce même cordon est garnie d'une suite des mêmes monogrammes que nous avons vus sur le vantail de la porte.

N°. 6. Cette figure représente, d'une part, les panneaux qui décorent la base de la cheminée, et, d'autre part, le larmier qui surmonte ces mêmes panneaux.

FIN DU TOME I.

---

(1) Le dessin des grands panneaux ressemble beaucoup à celui du lambrissage d'une chambre du manoir de Beddington (voir les *Ornemens gothiques* de Pugin). On retrouve, dans le petit panneau central, le rebus déjà cité sur le mot *Shelton*. Le réseau ornemental de la tourelle offre aussi quelqu'analogie avec celui que nous avons vu, à East-Barsham, sur la façade extérieure de la porte d'enceinte.

(2) Ce cordon est dans le même style que celui inférieur d'East-Barsham ; mais ce dernier ne se continue pas autour des tourelles ou contreforts de la façade, ainsi que le fait le premier.

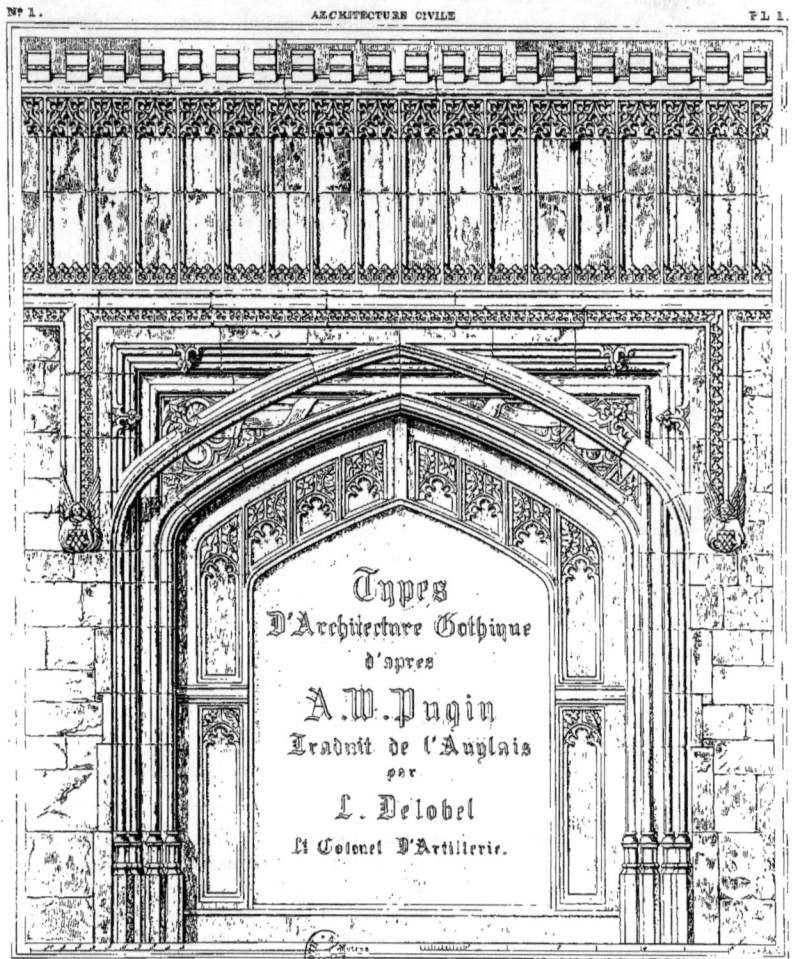

COLLÈGE DE LA MADELEINE A OXFORD.

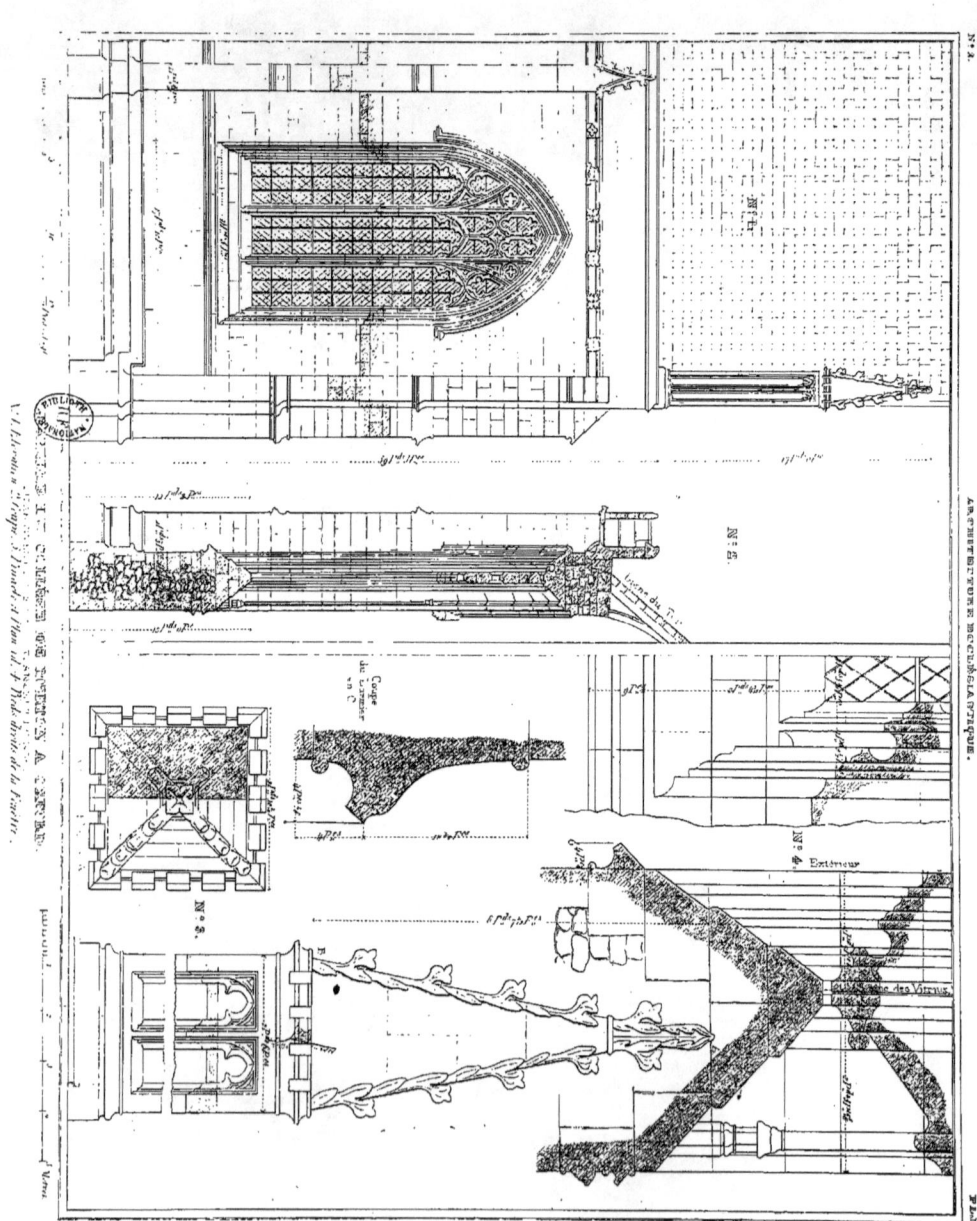

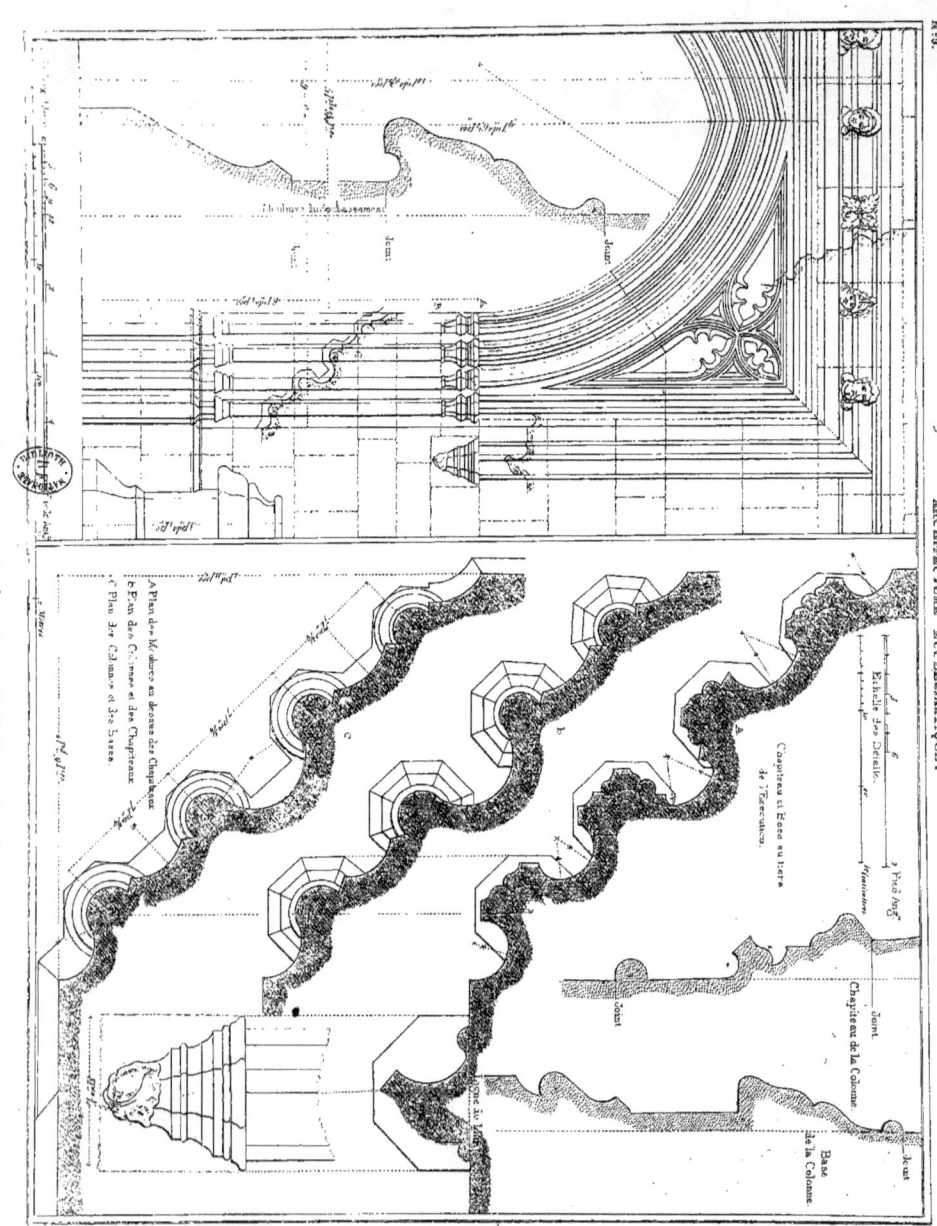

CHAPELLE DU COLLÈGE DE MERTON A OXFORD.
Spécimens de Vitraux peints.

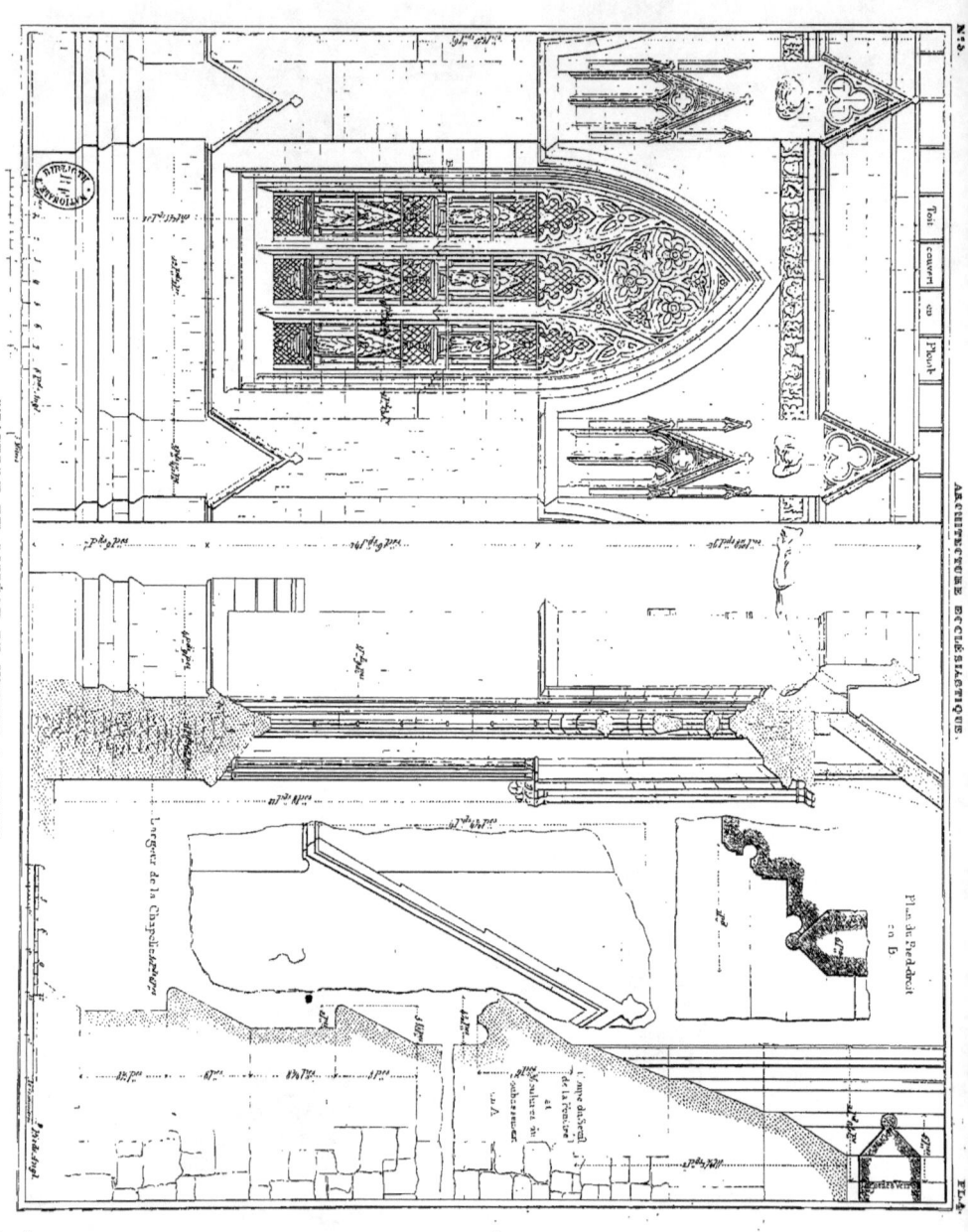

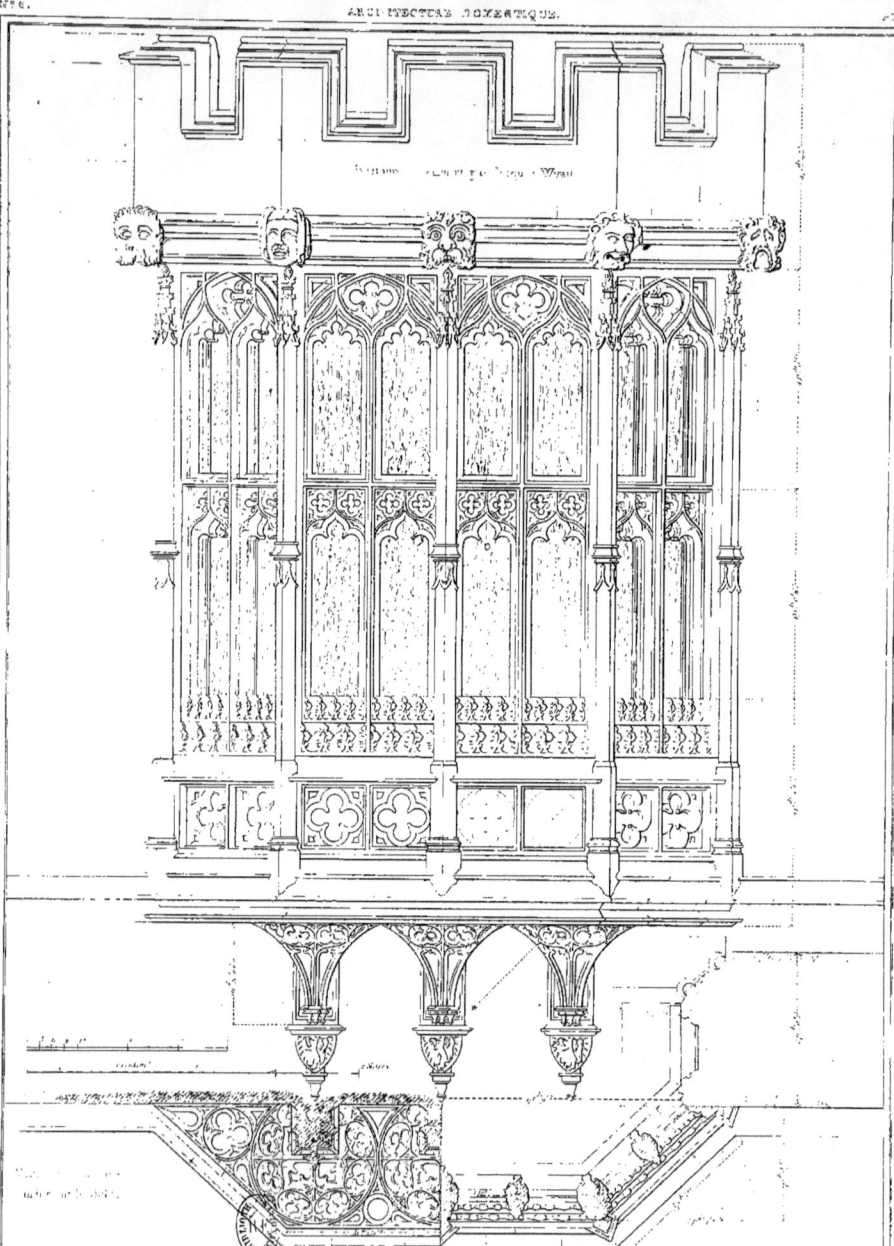

COLLÈGE DE BALLIOL A OXFORD.
Loge vitrée en encorbellement à la Façade du Nord.

Coupe et Détails amplifiés de la Large Lucarne en encorbellement représentée à la Pl. N.º 6.

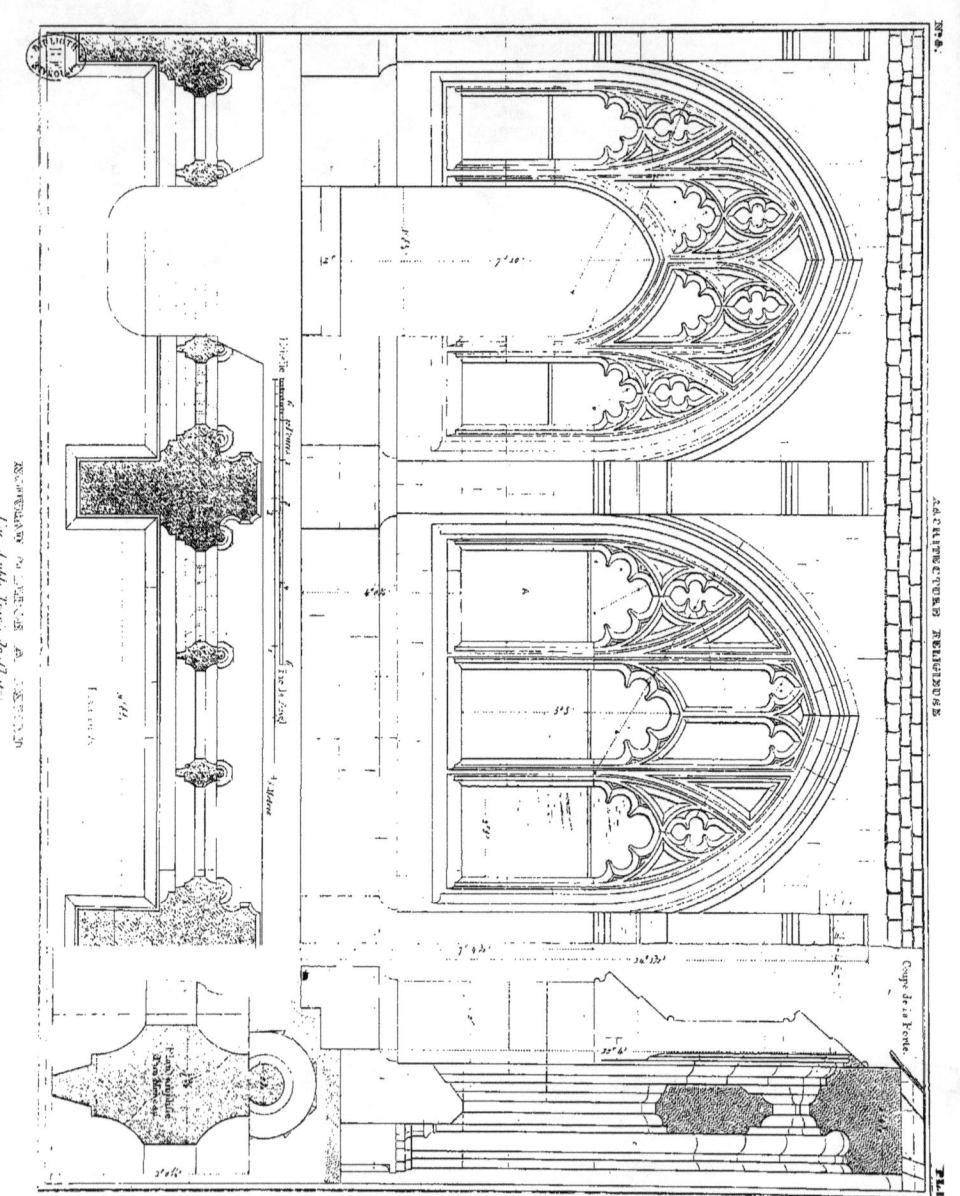

CLOCHERS DU NOUVEAU COLLÈGE A OXFORD.

N° 1. Pignon de la Façade du Levant. — N° 2. Niche. — N° 3. Profil de Niche. — N° 4. Plans d'idem. — N° 5. Pinacle.

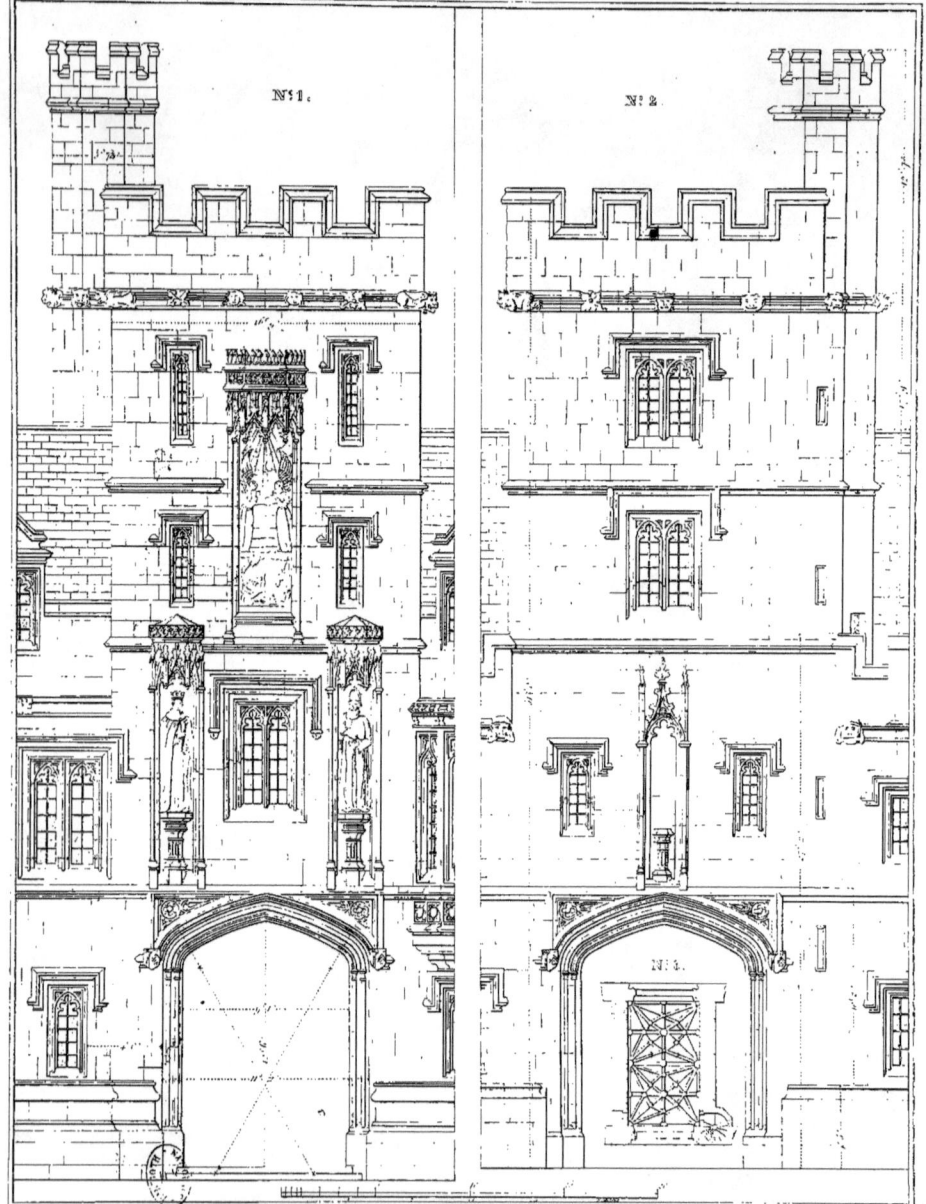

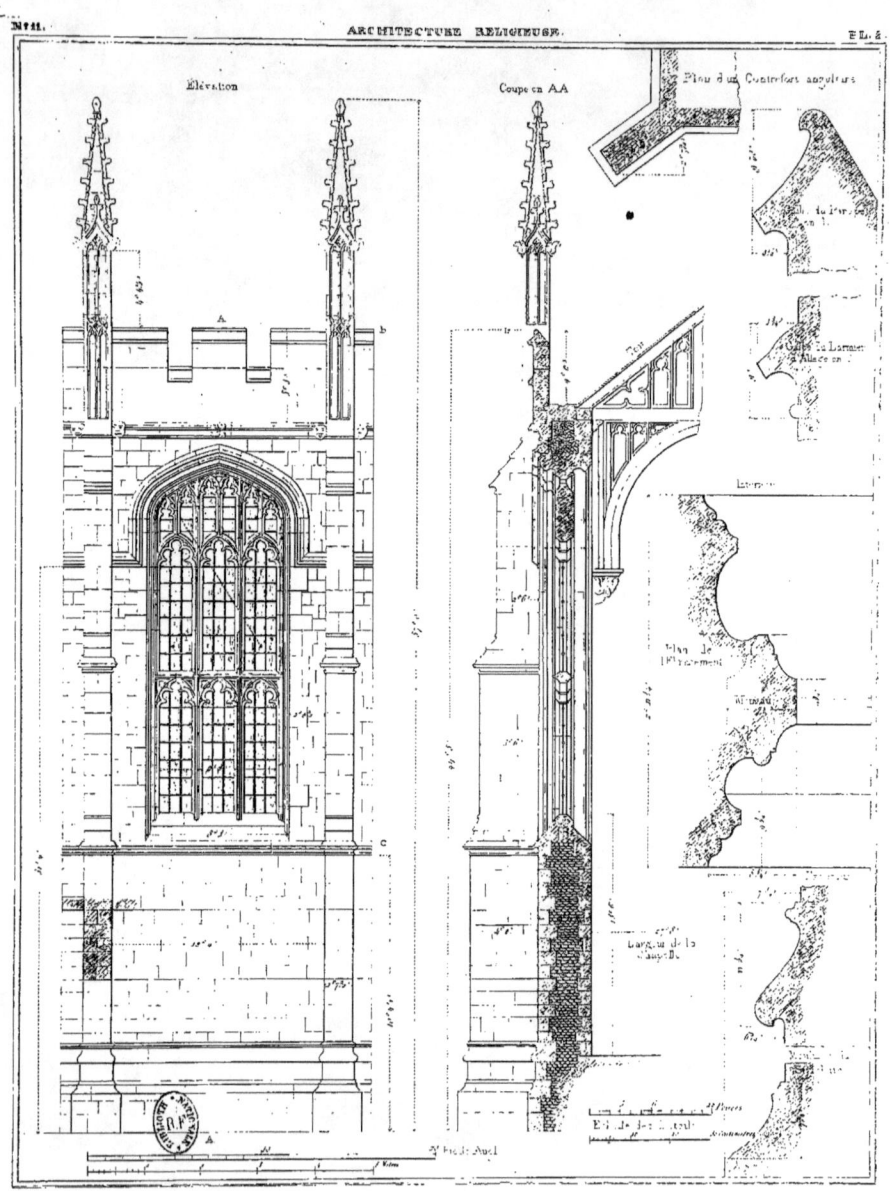

COLLÈGE DES AMES A OXFORD.
Une Travée de la Chapelle Côté du Sud.

Couronnement de la Porte du Passage qui mène à la Chapelle

Dossier des Stalles en chêne de la Chapelle.

COLLÈGE DE ST JEAN A OXFORD.

N° 1. Façade extérieure de la Tour d'Entrée. N° 2. Coupe. N° 3. Plan du Porche.

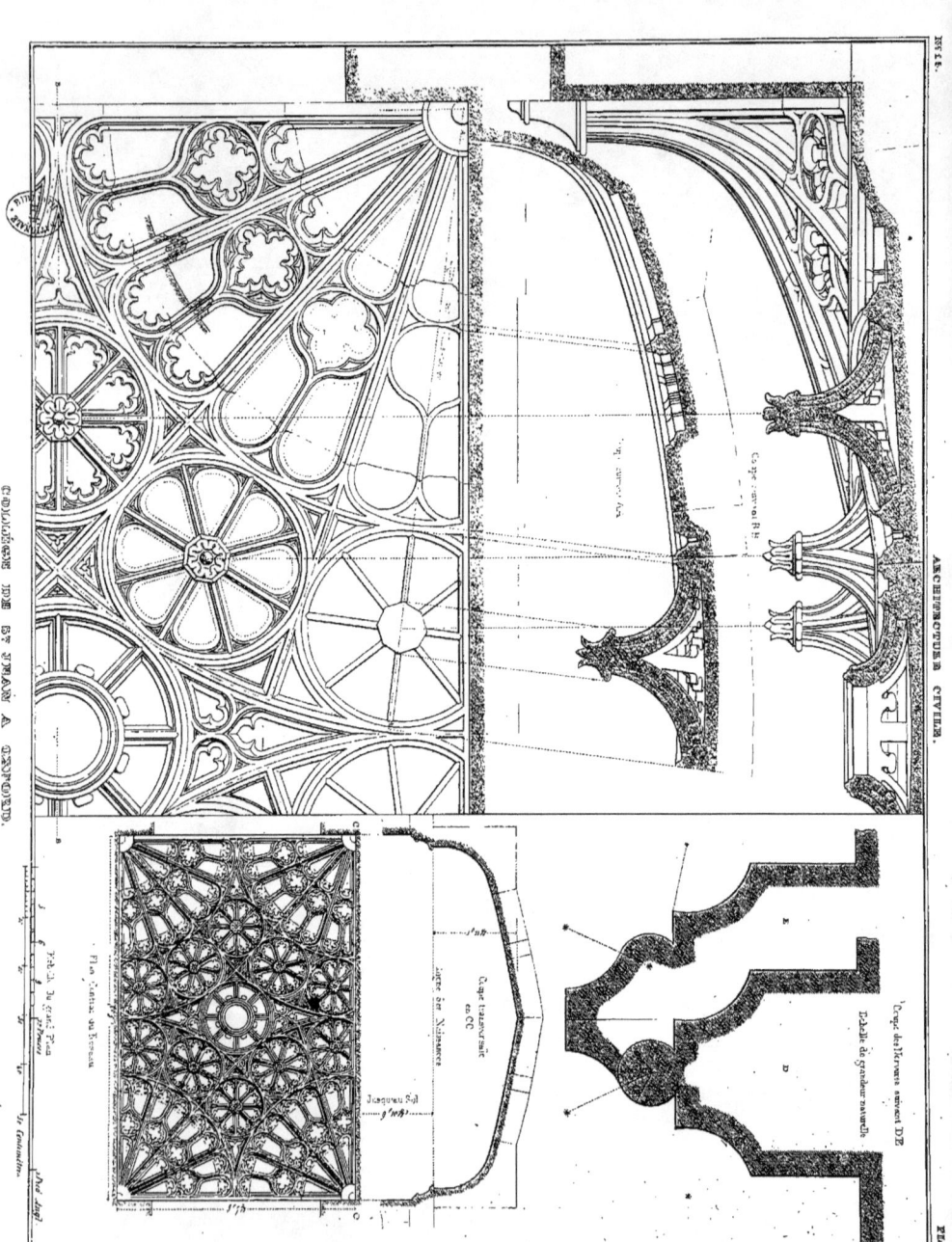

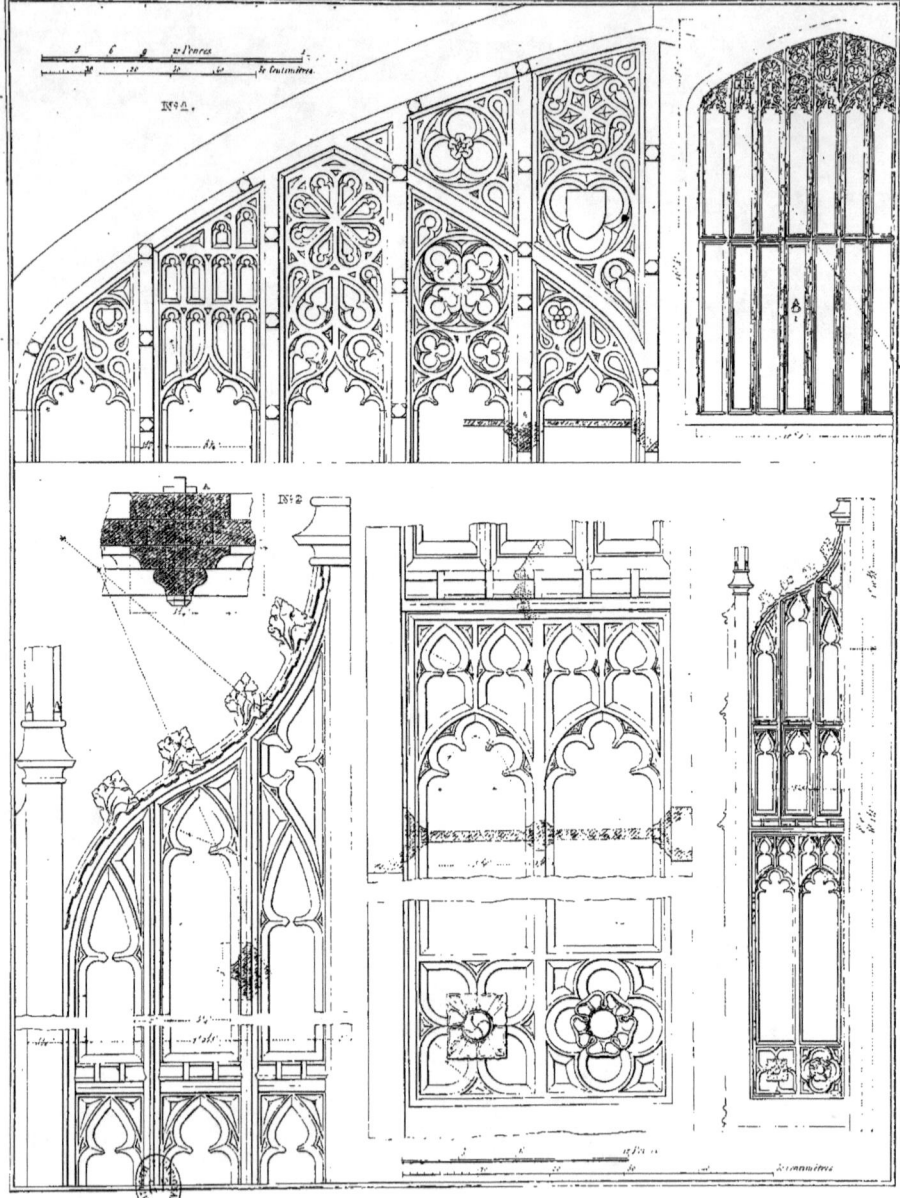

Boiserie ornementée des Vantaux de la Porte principale du Collège de St Jean et des Stalles de la Chapelle au Collège de Merton.

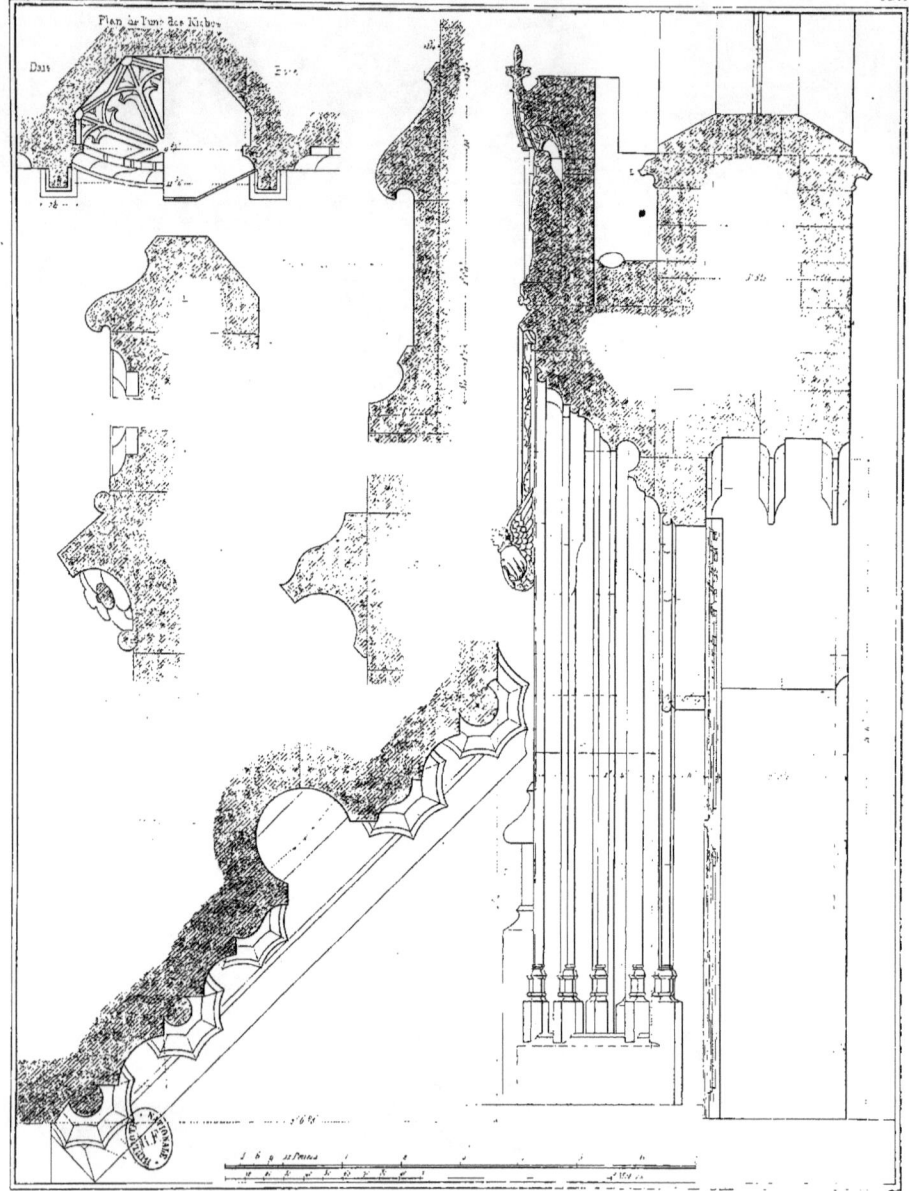

Coupe et Détails du Portail de l'Presbent

COLLÉGE DE LA MADELEINE A OXFORD.

COLLÈGE DE LA MADELEINE A OXFORD.

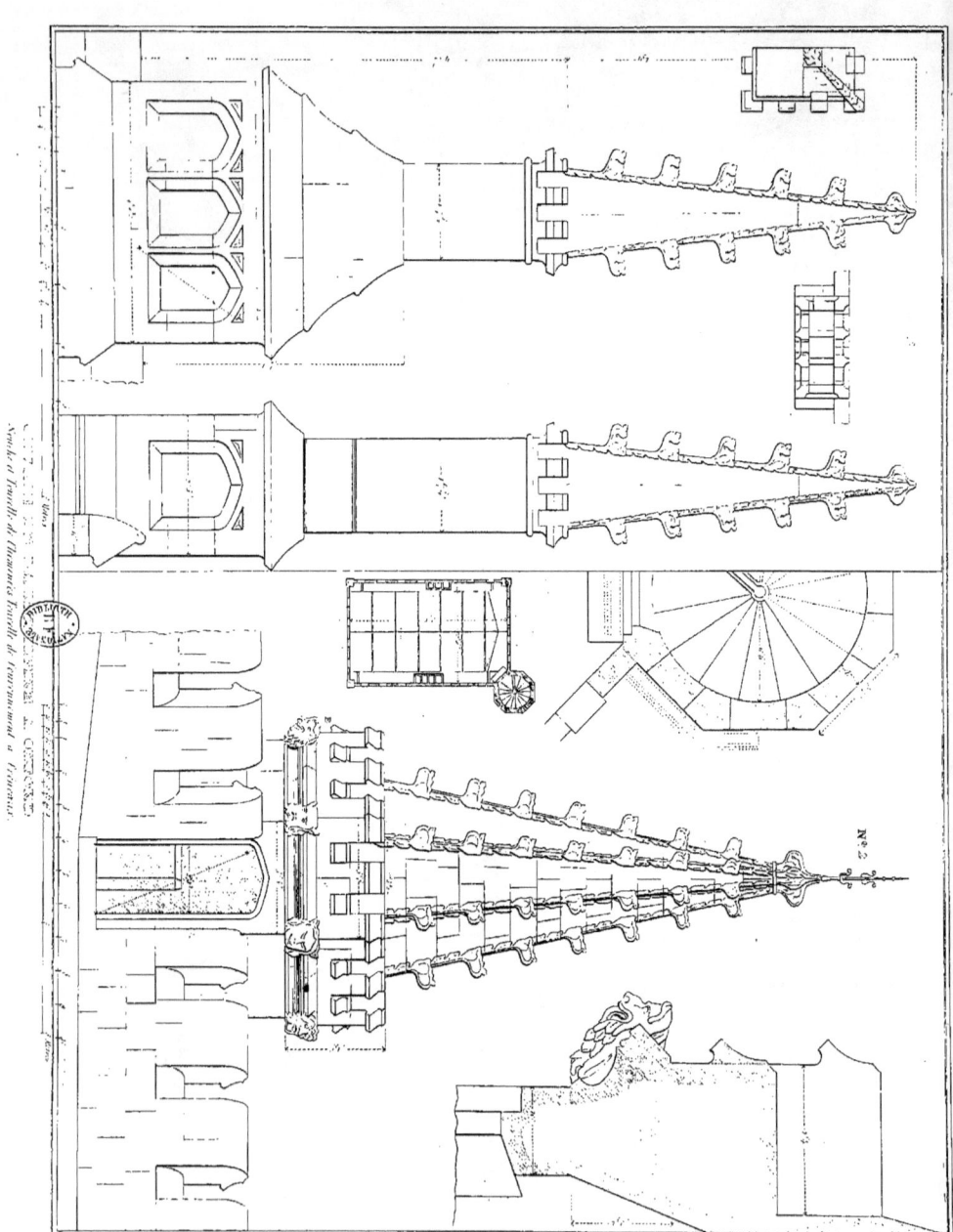

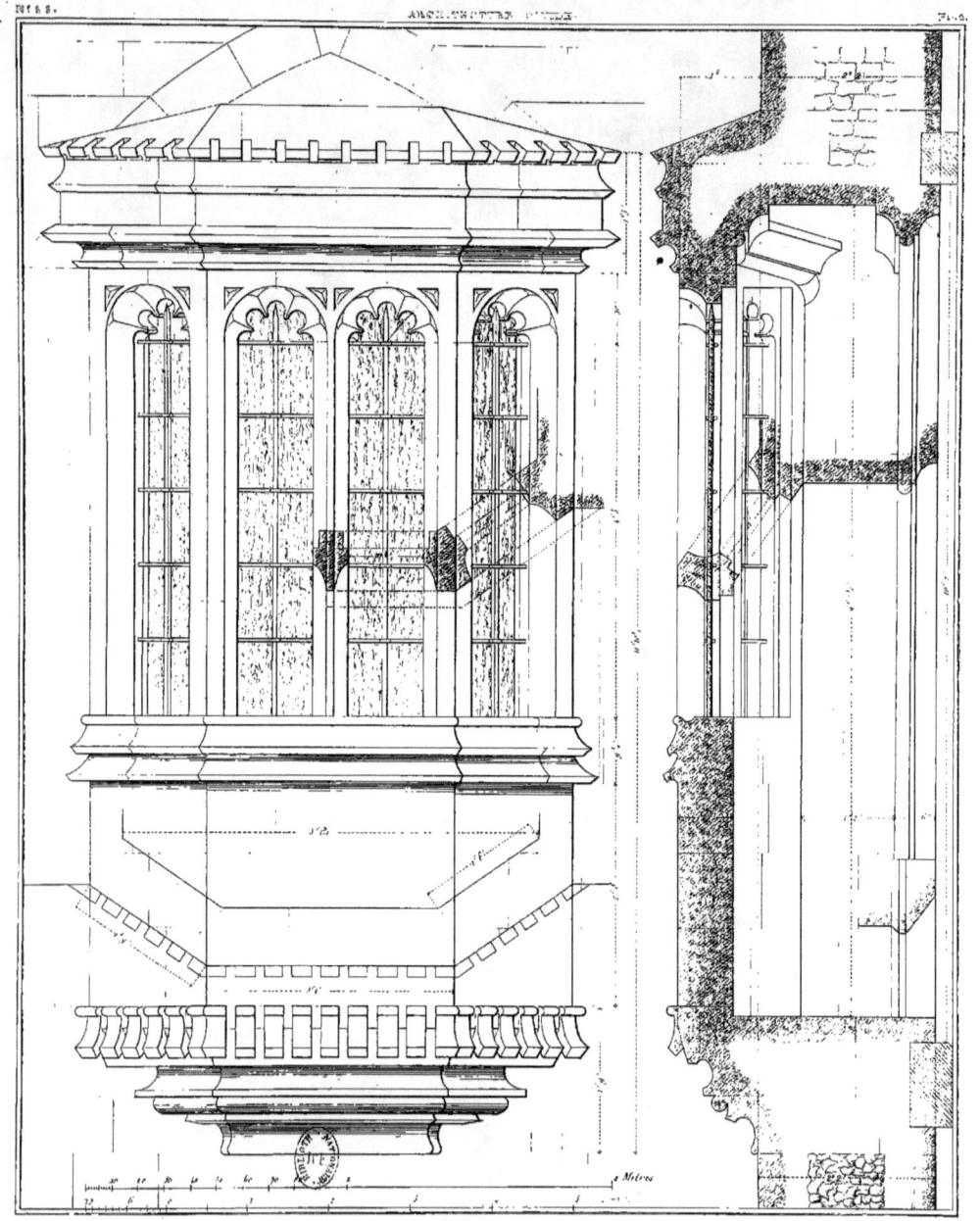

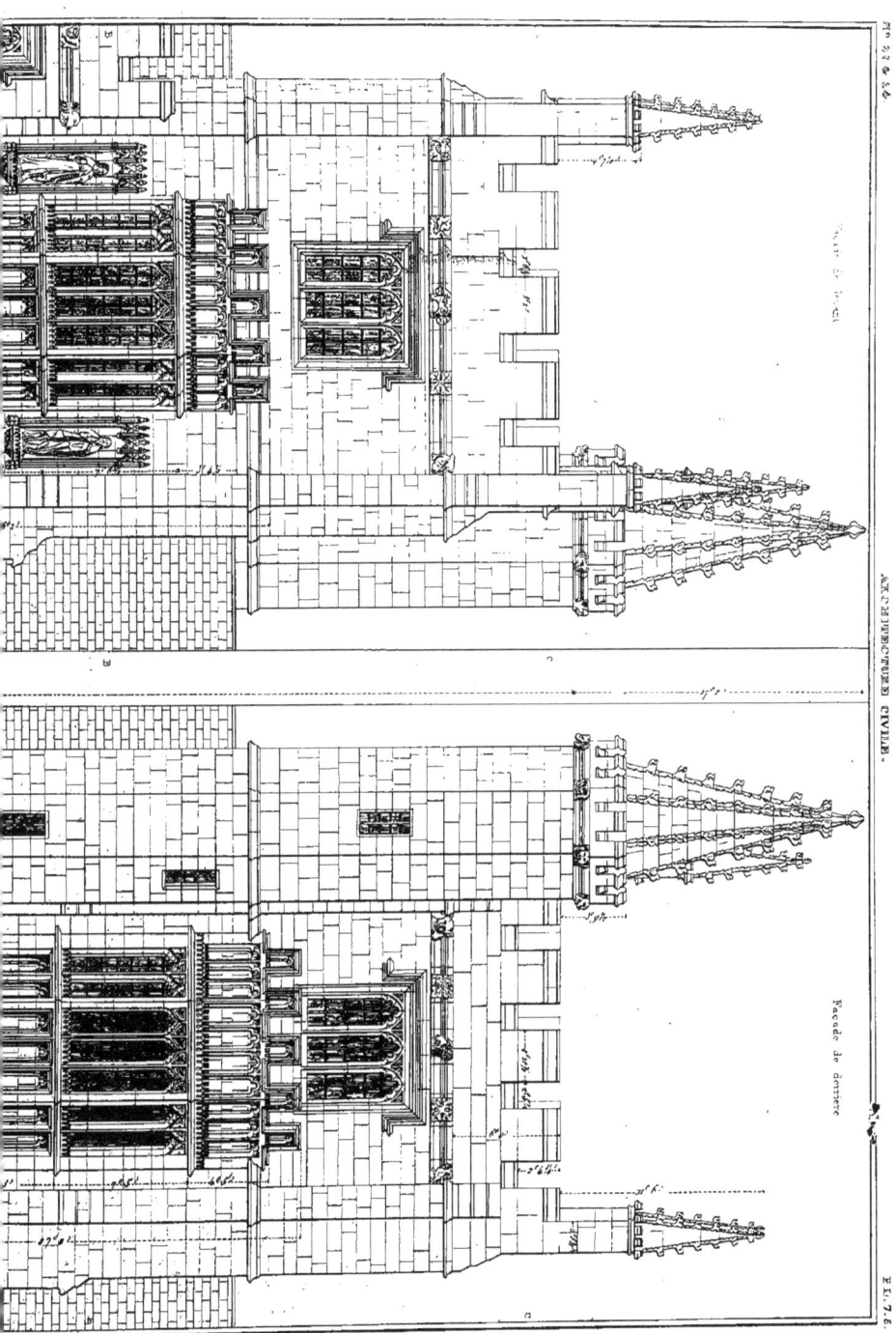

EGLISE DE LA MADELEINE A OXFORD

COLLÈGE DE LA MADELEINE A CRECPY.

ÉGLISE S'^t^ PIERRE A **...**
Portail de ...

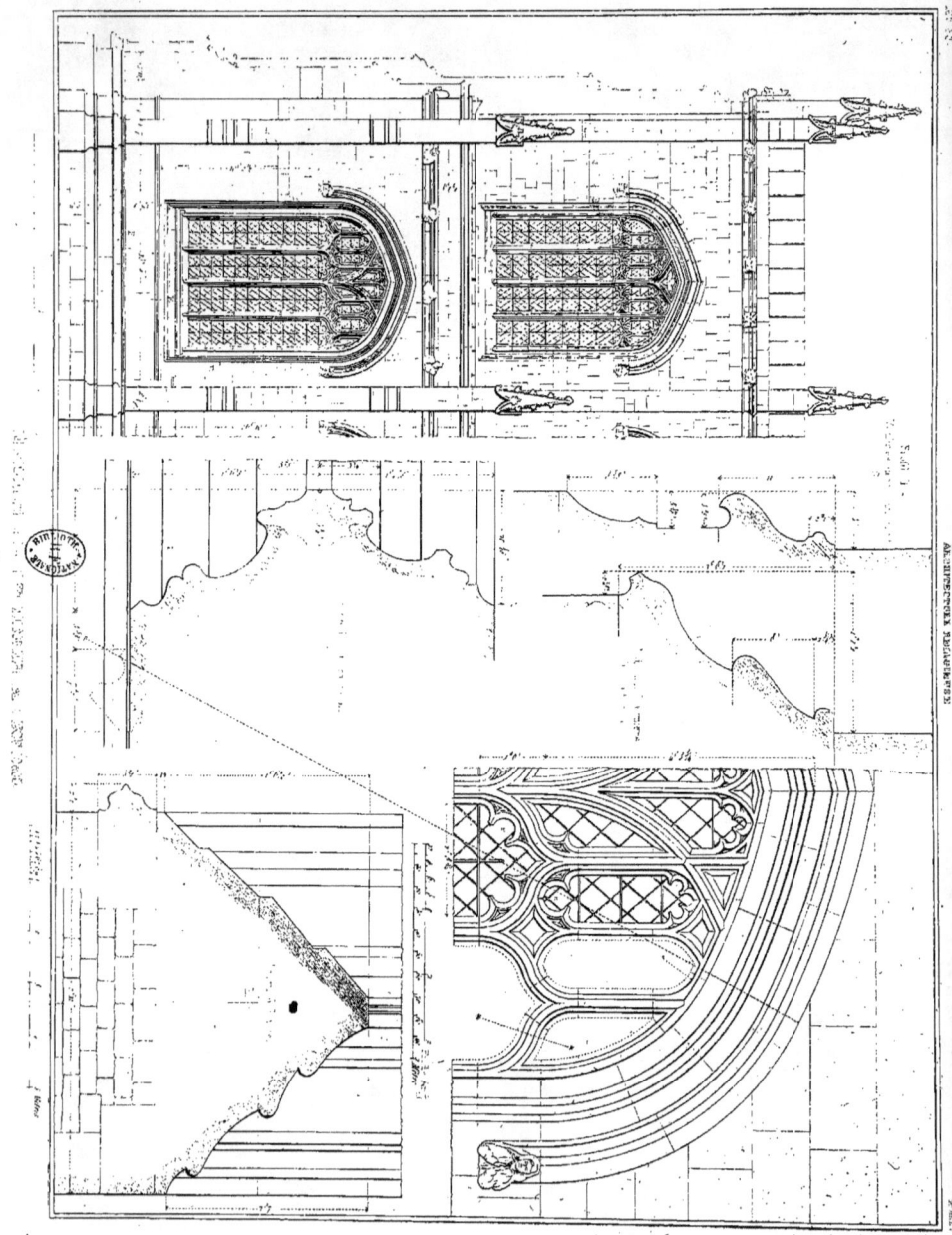

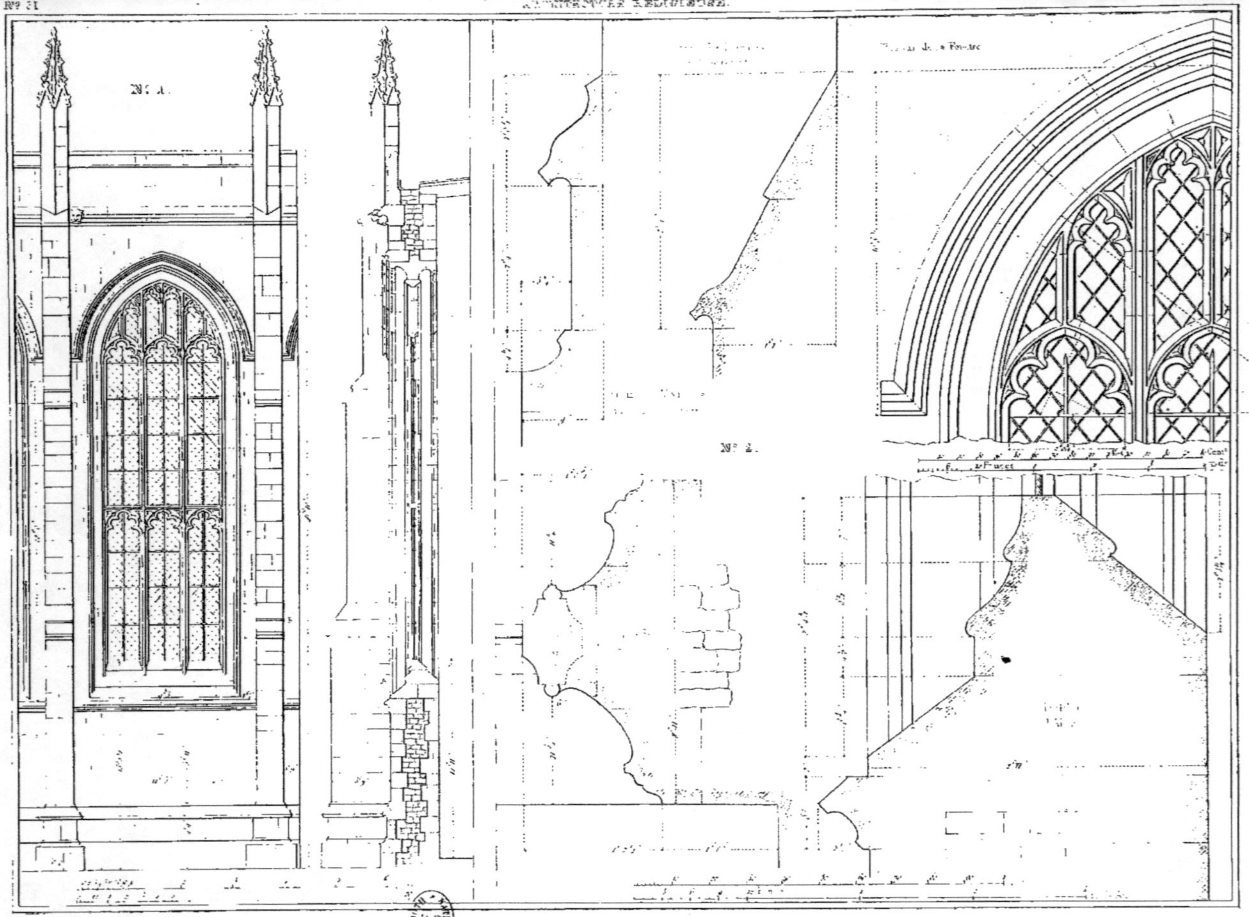

Éditeur

N° 1. Stalle en pierre dans le Chœur pour les Célébrants. N° 2 Élévation, Coupe et Détails.

E. Nobles, Éditeur

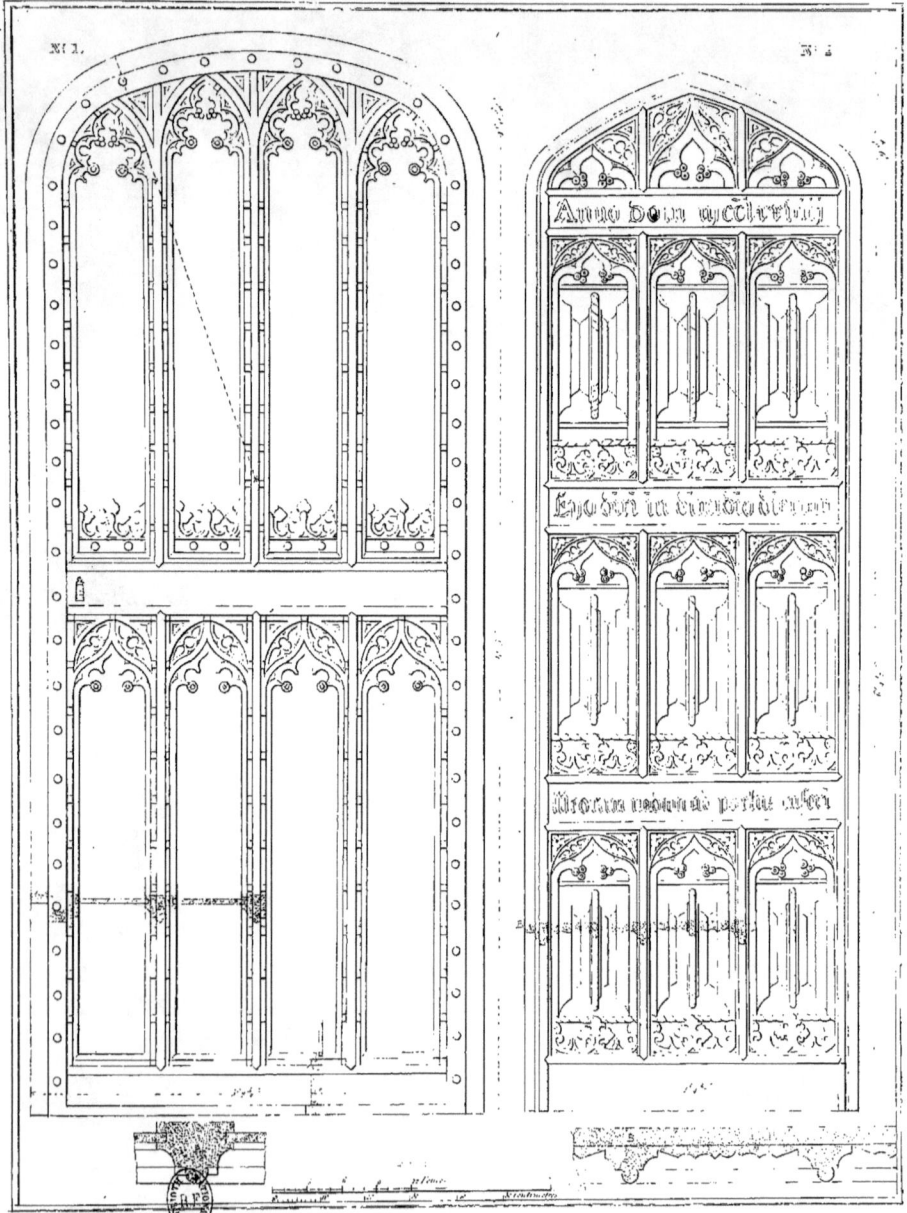

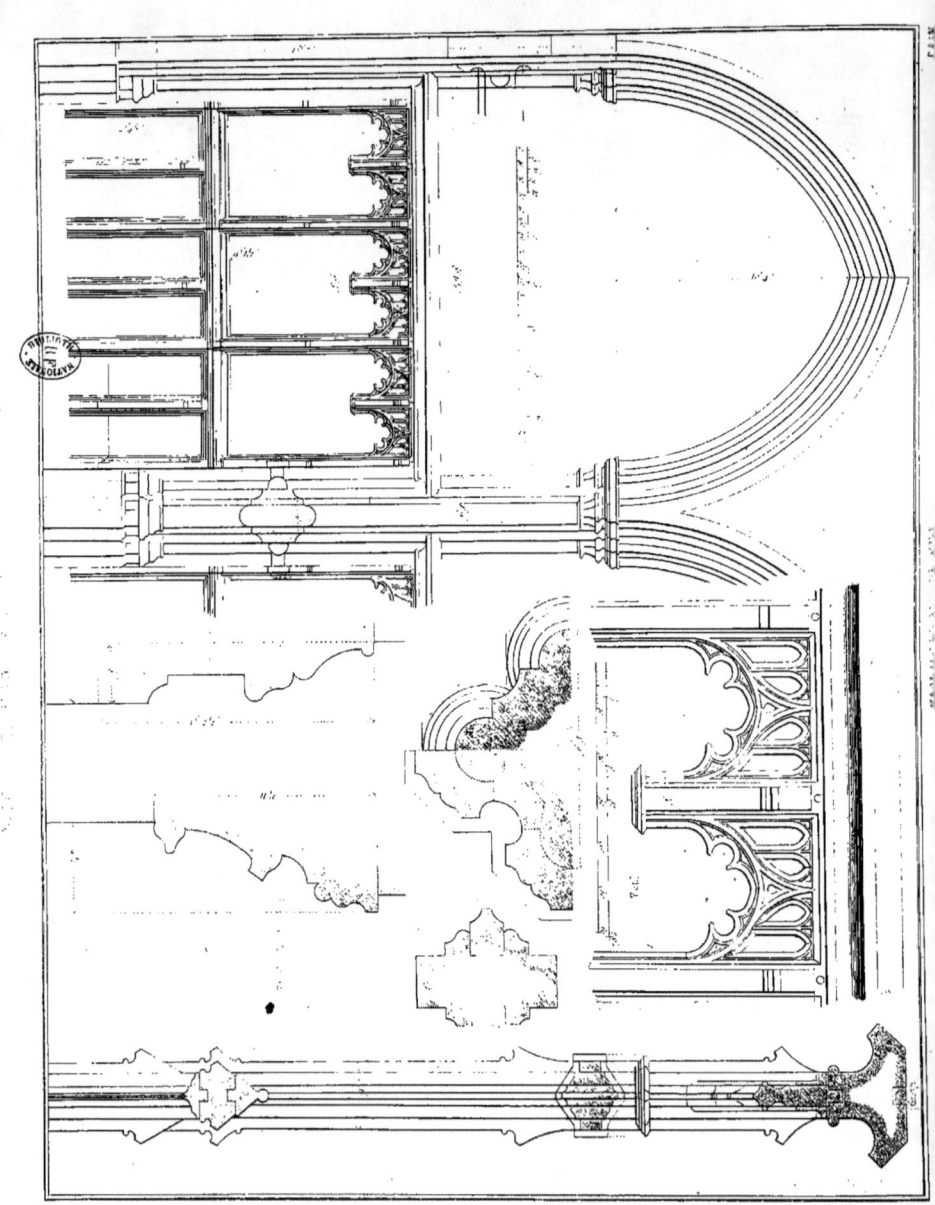

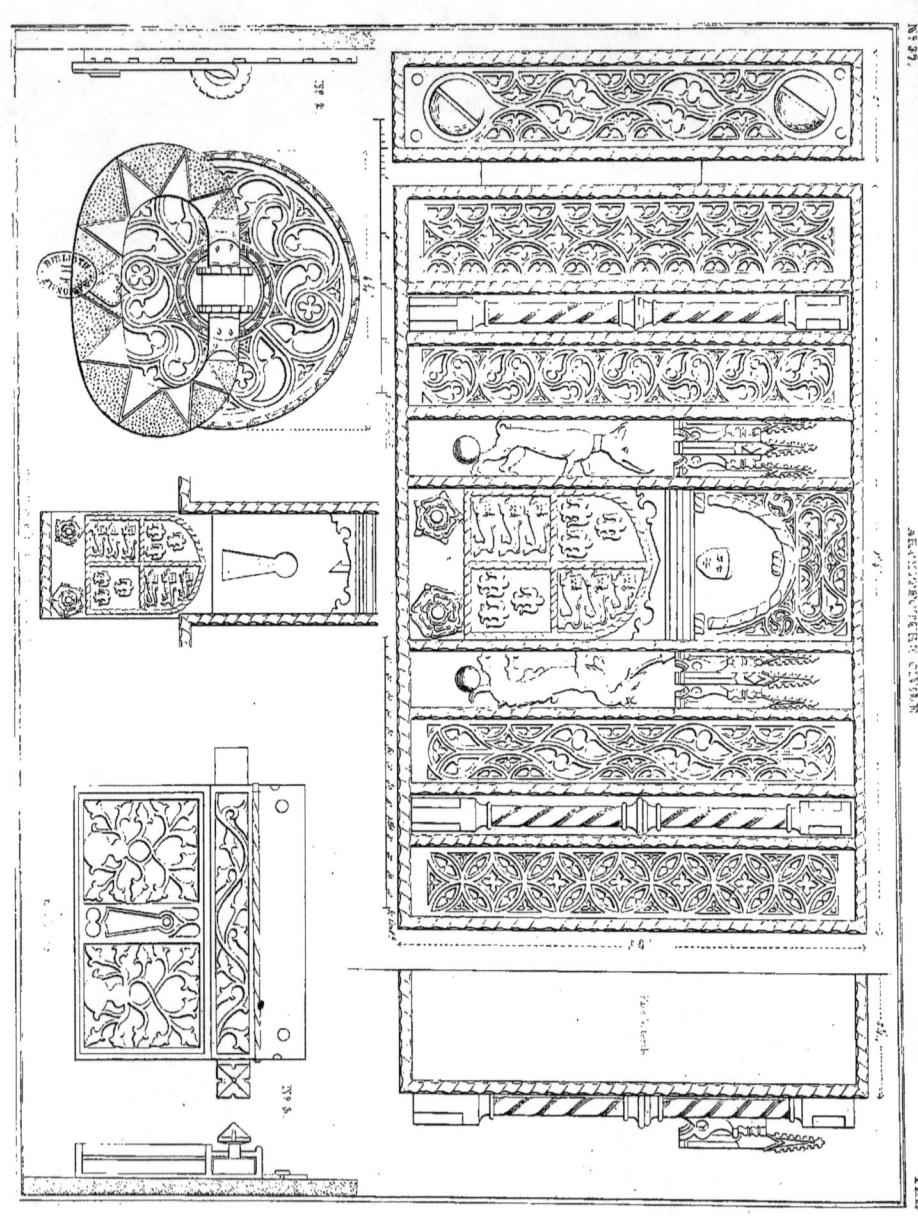

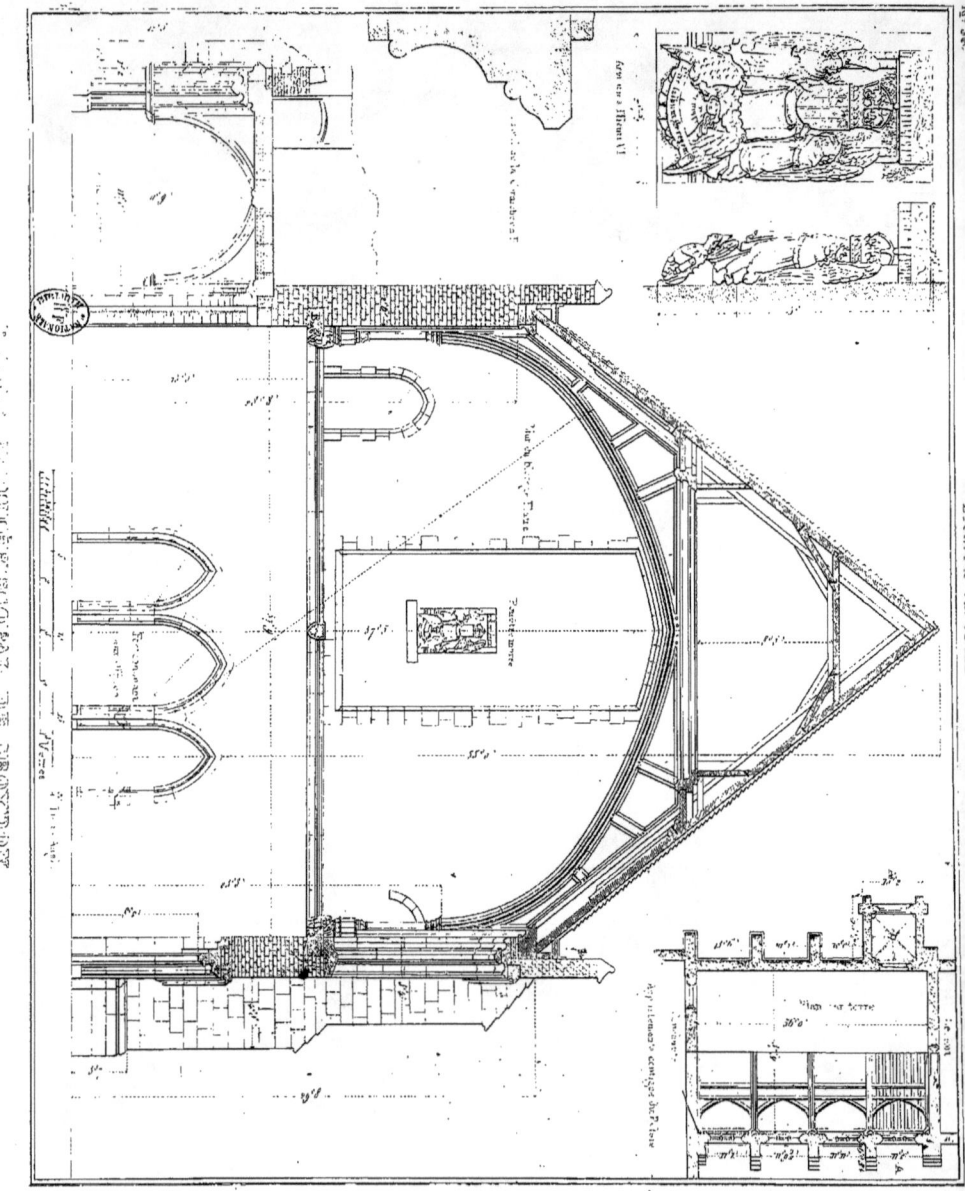

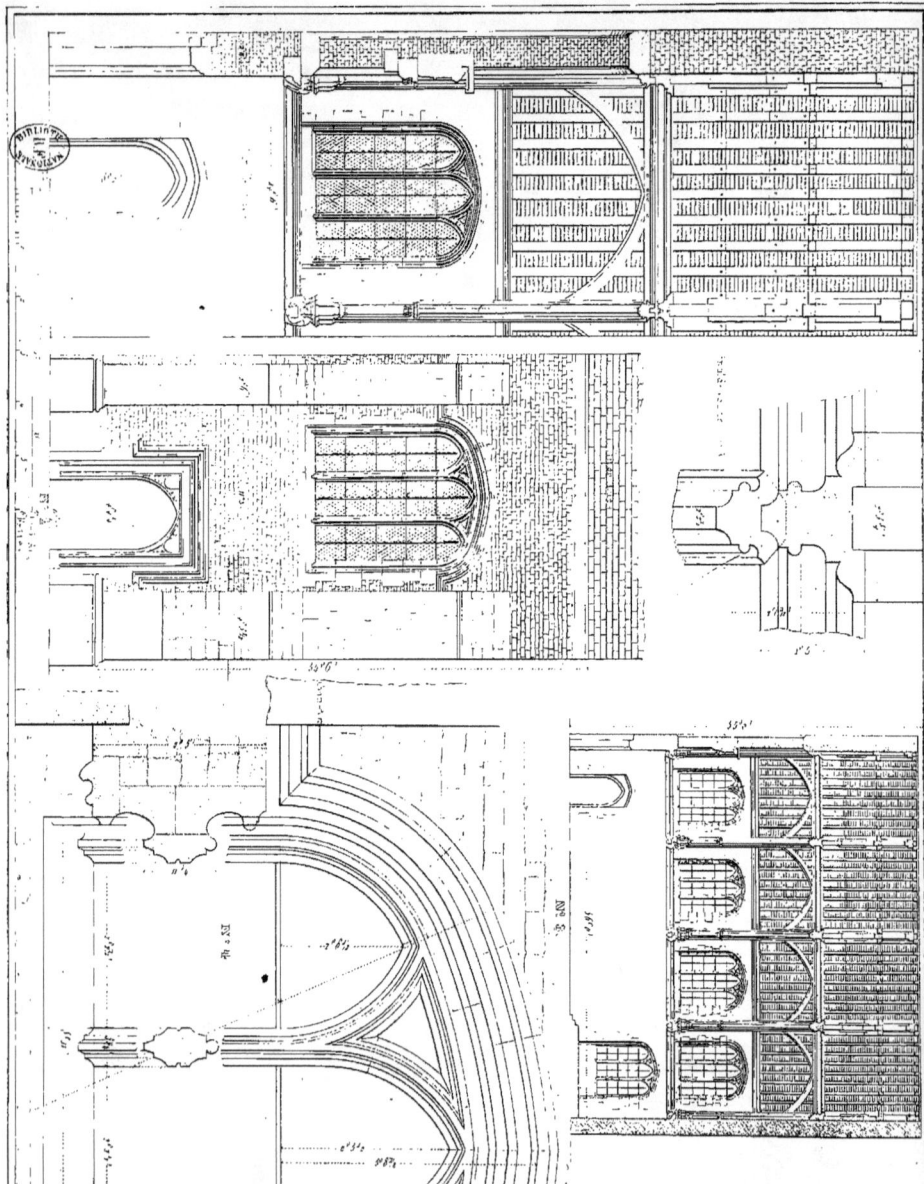

PALAIS ARCHIÉPISCOPAL DE CROYDON

Fenêtre située sur le Côté Sud de la Salle de garde. Détails d'icelle et Plan général de cette Salle

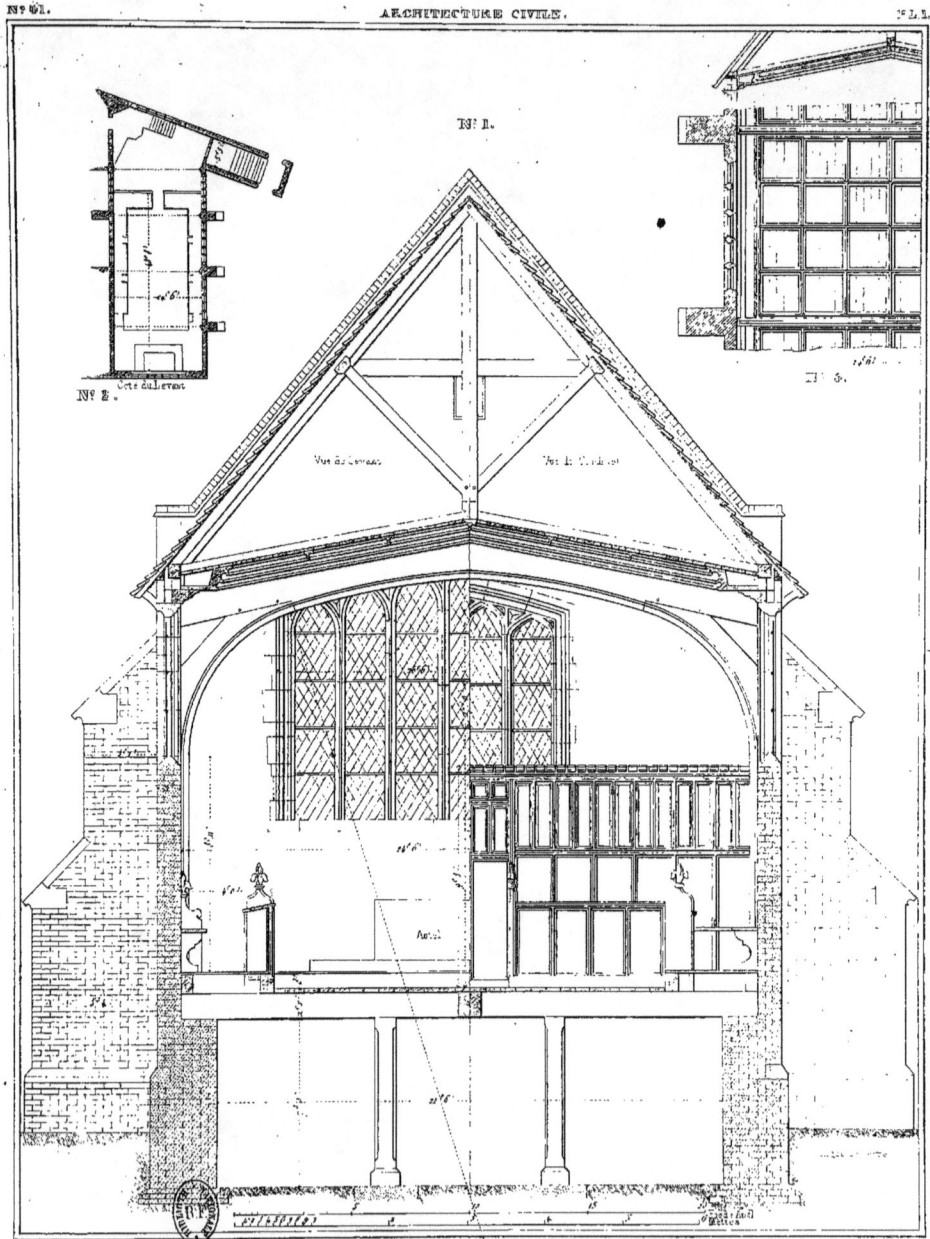

CHAPELLE DU PALAIS ARCHIÉPISCOPAL DE CROYDON.

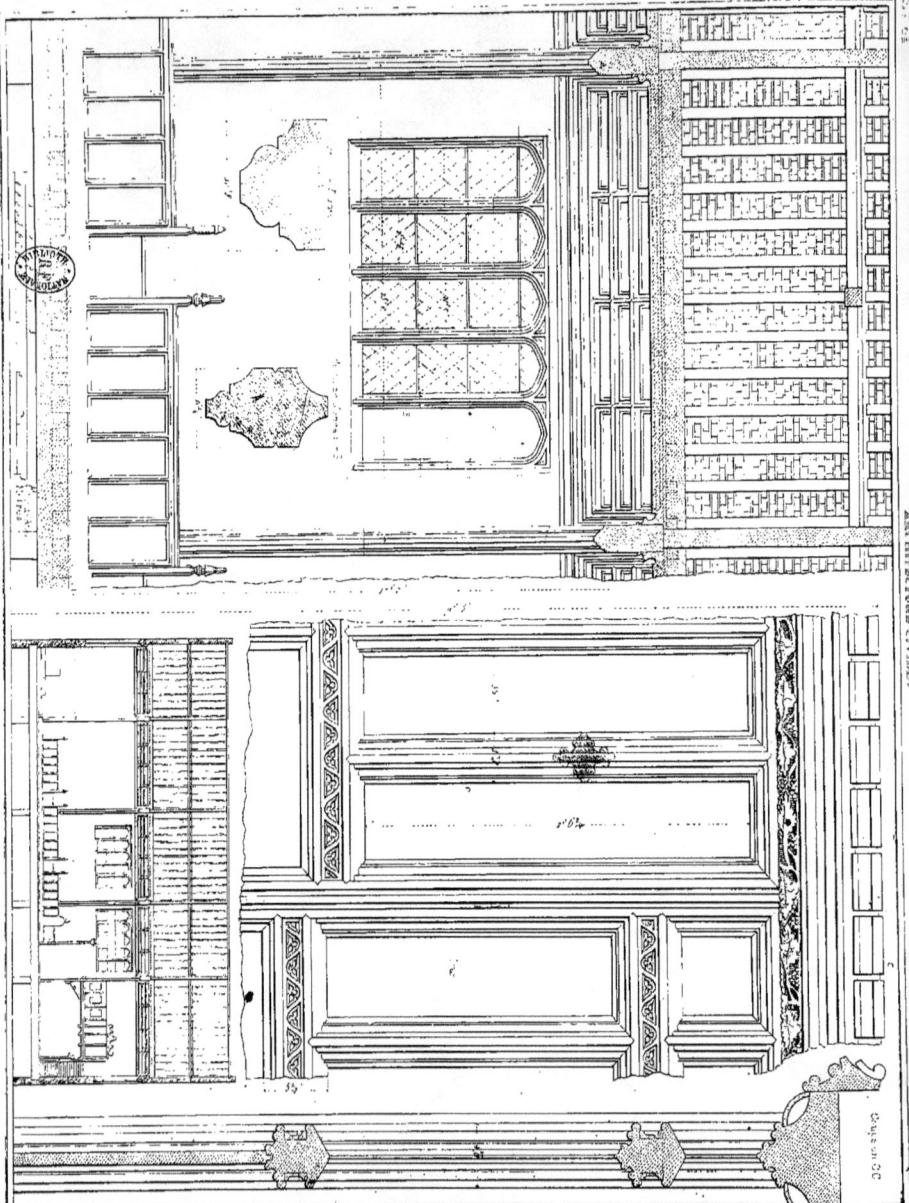

ARCHITECTURE CIVILE.

GRANDE HALLE DU PALAIS DE JUSTICE DE PARIS

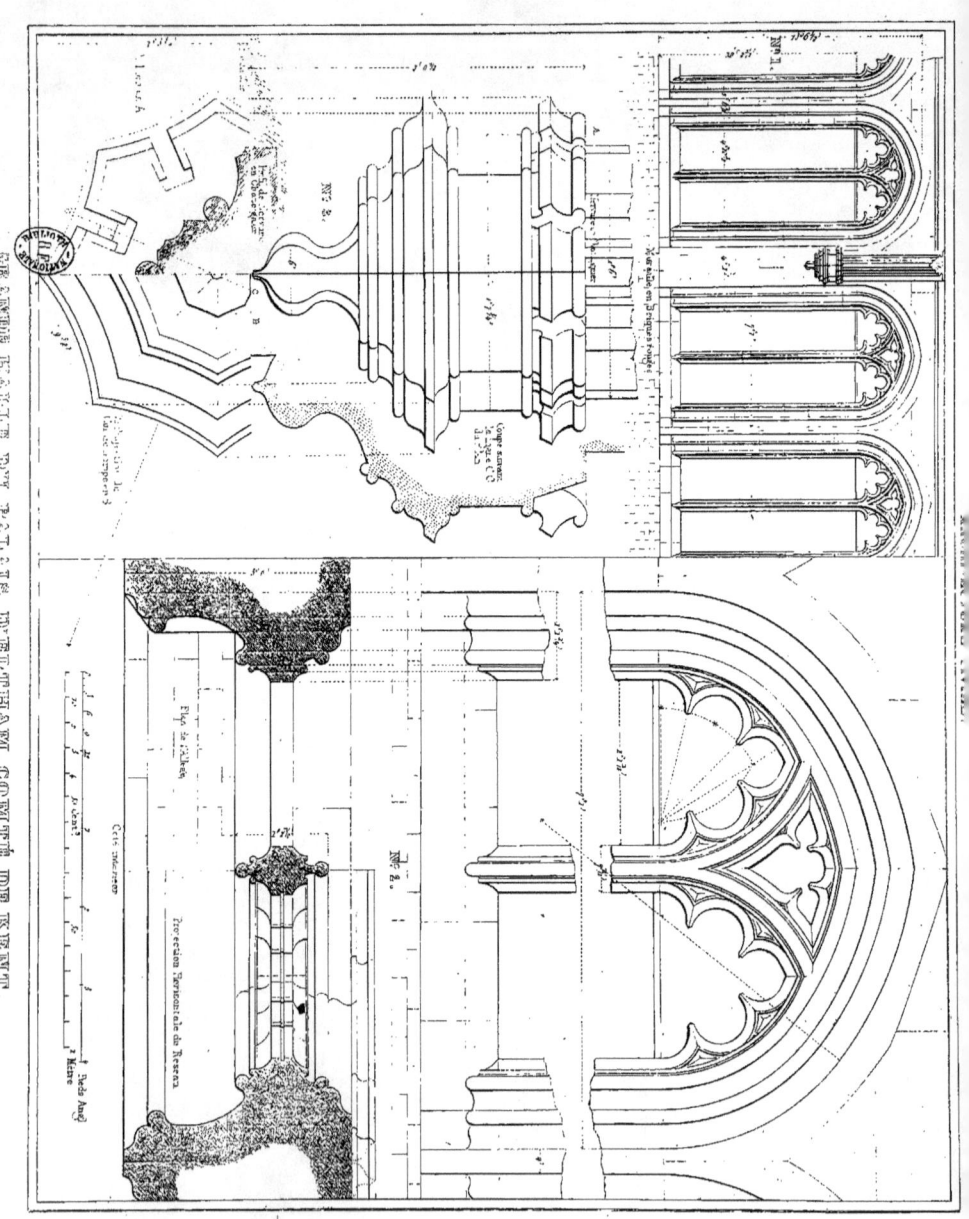

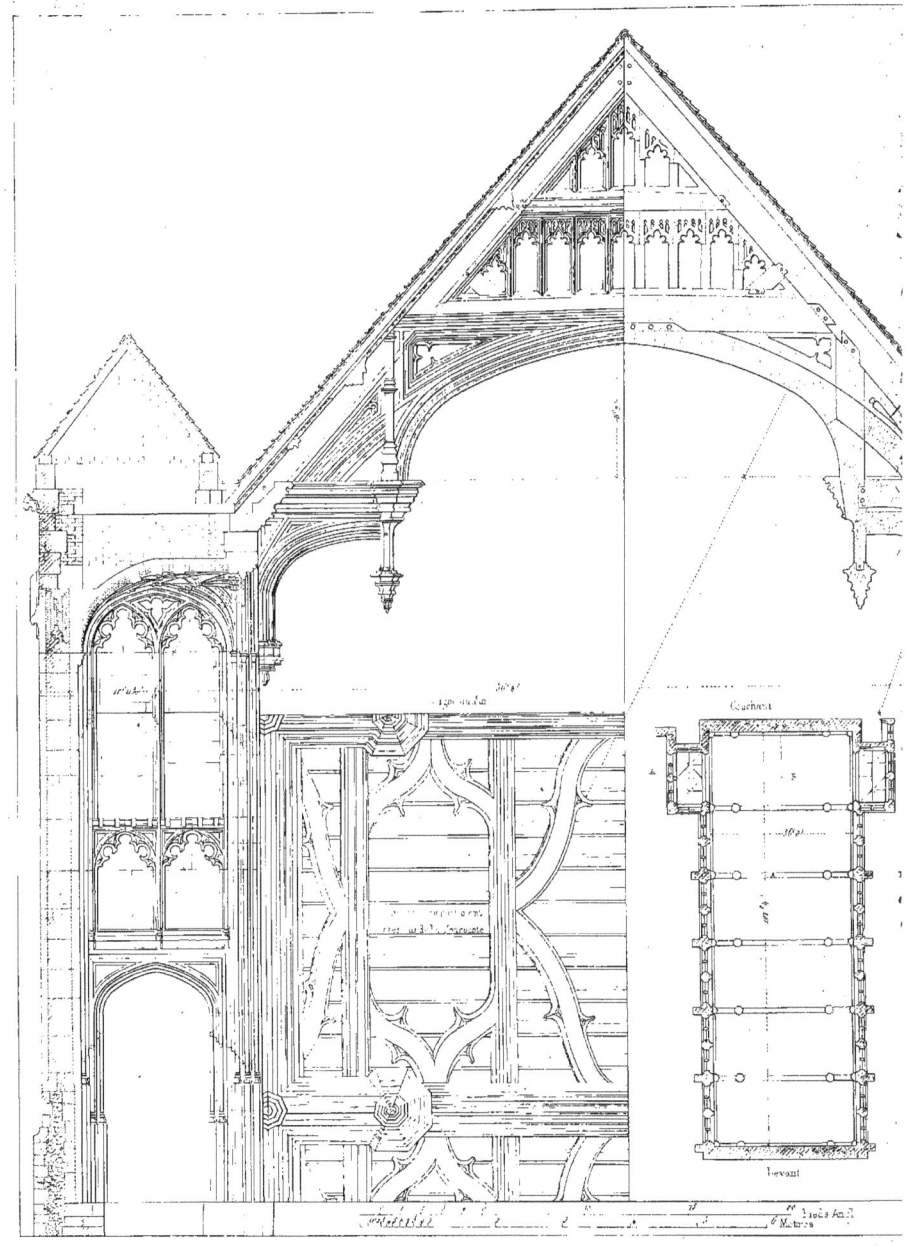

PALAIS D'ELTHAM

COMTÉ DE KENT.
B et A'B' du Plan général. — N° 9 Coupe transversale.

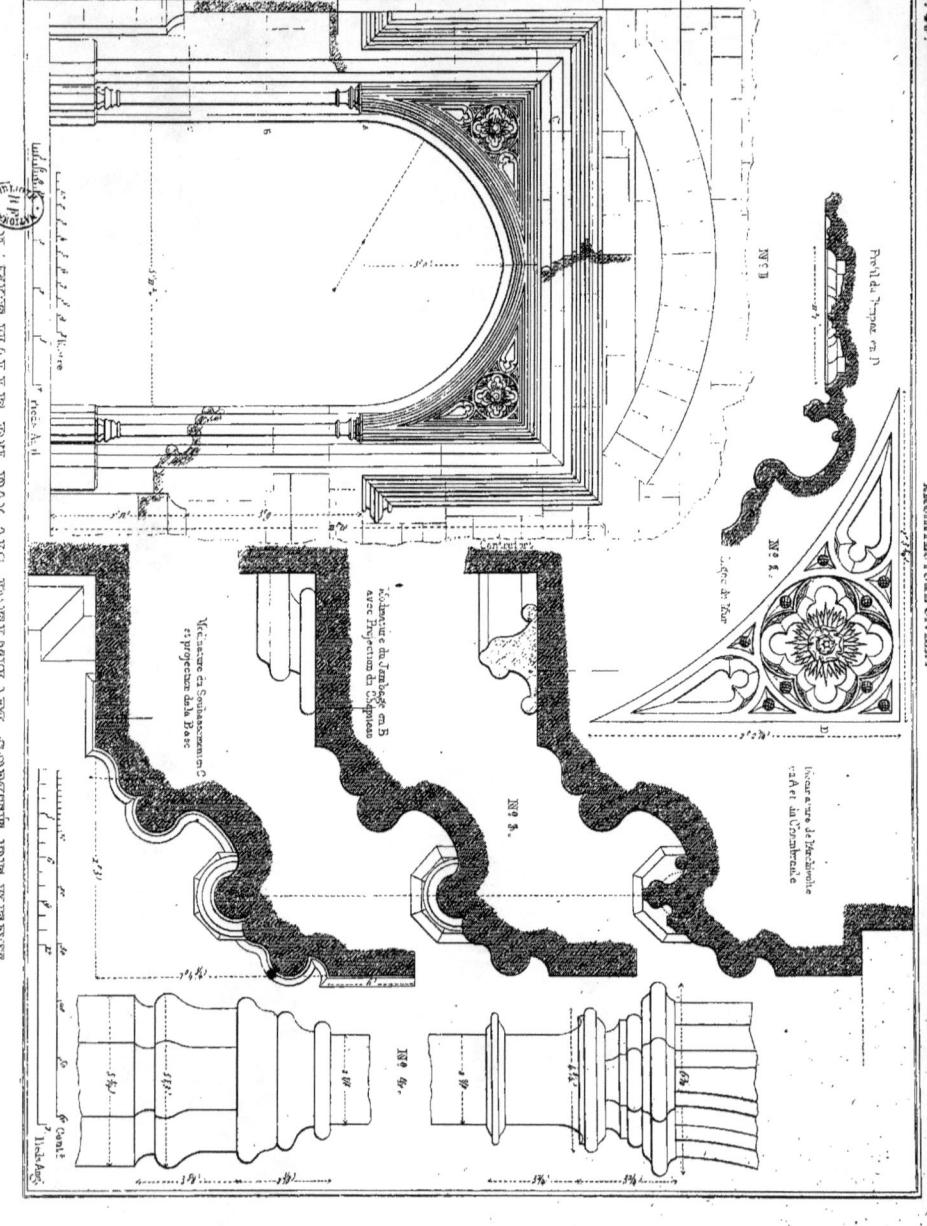

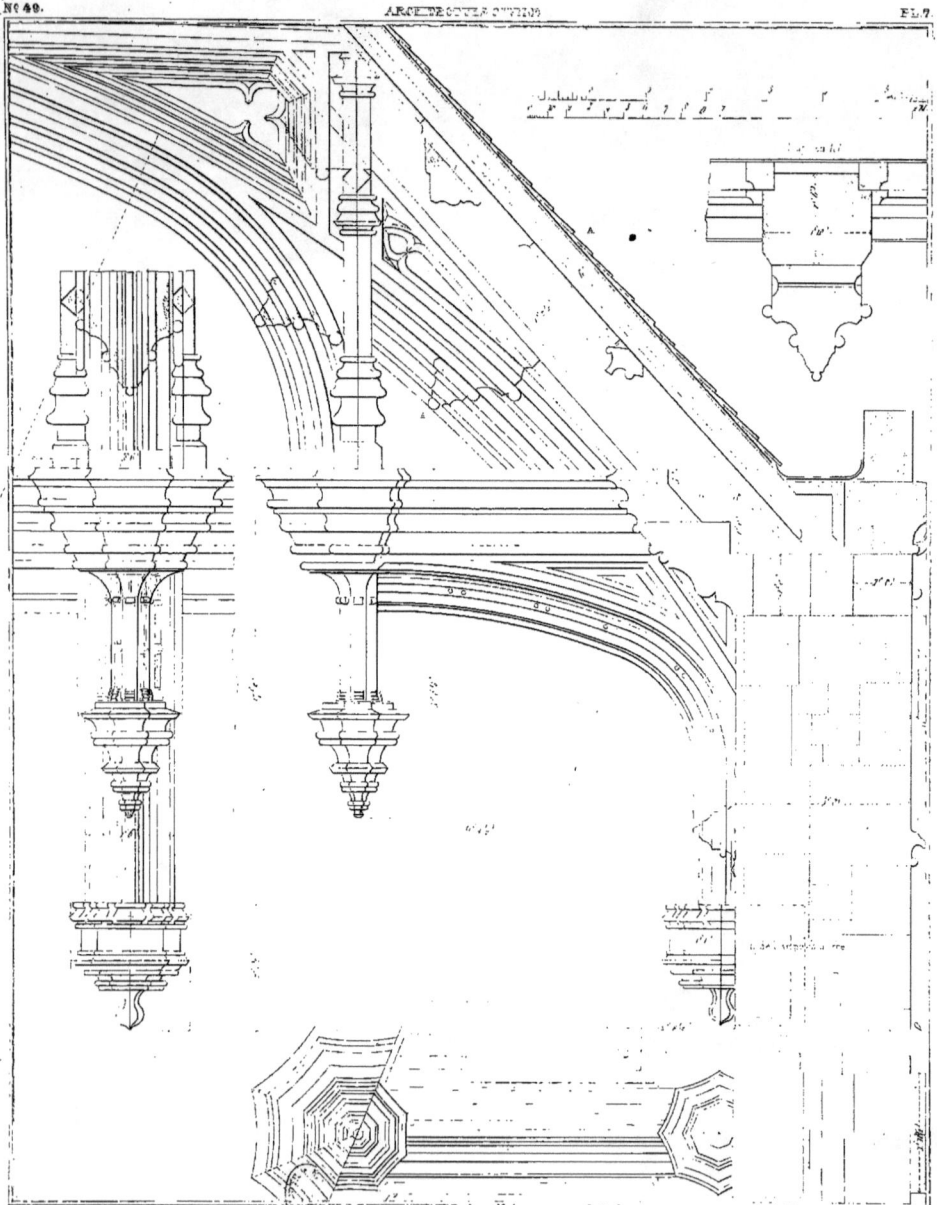

ARCHITECTURE RELIGIEUSE.

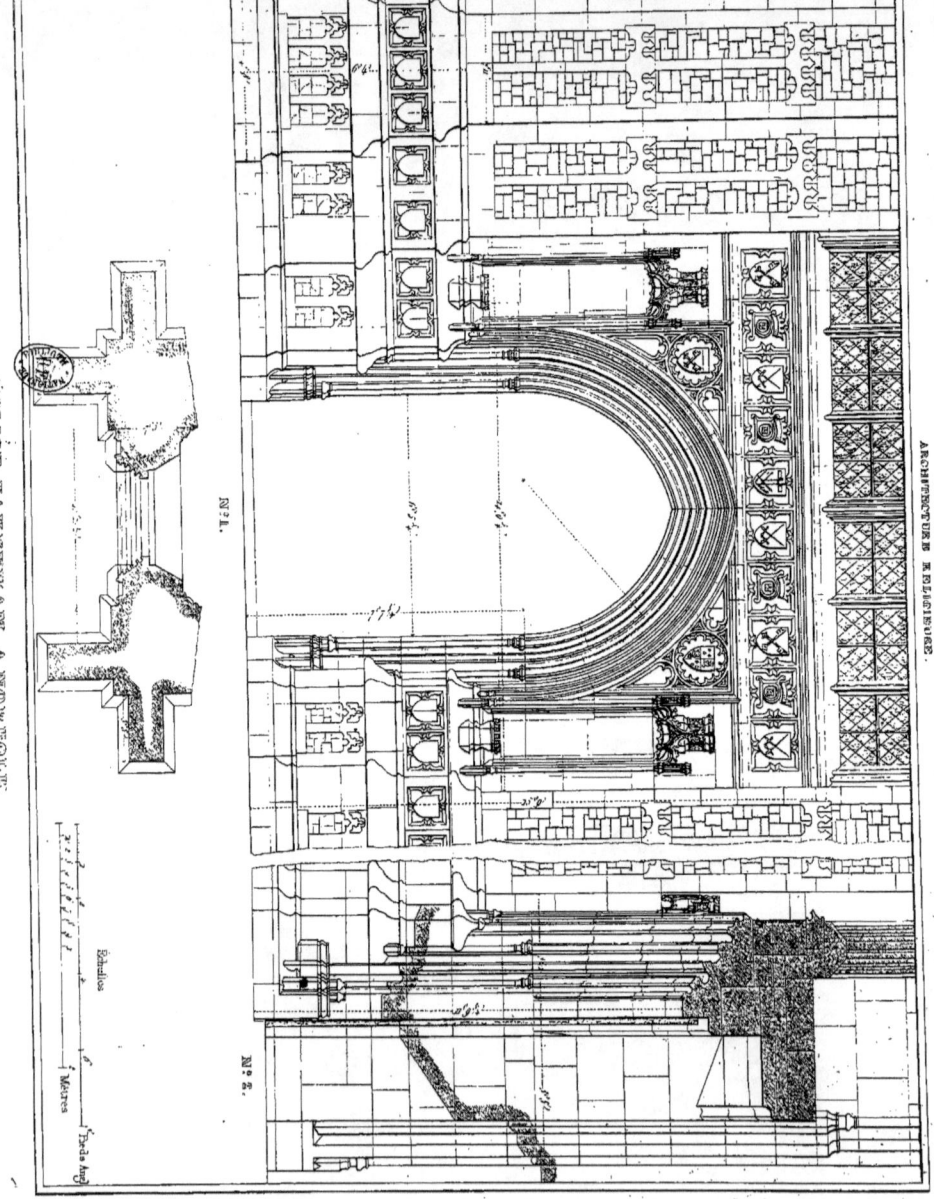

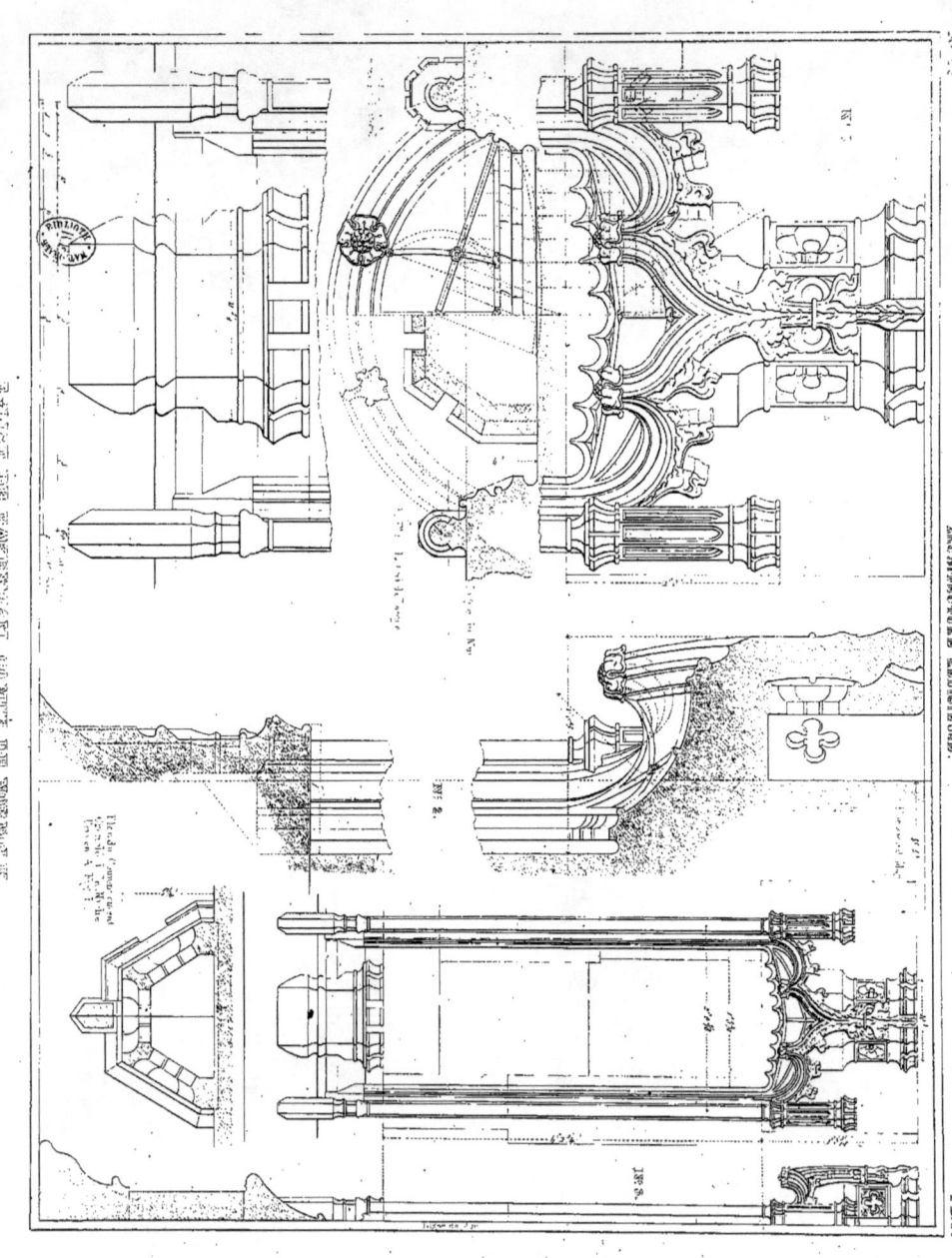

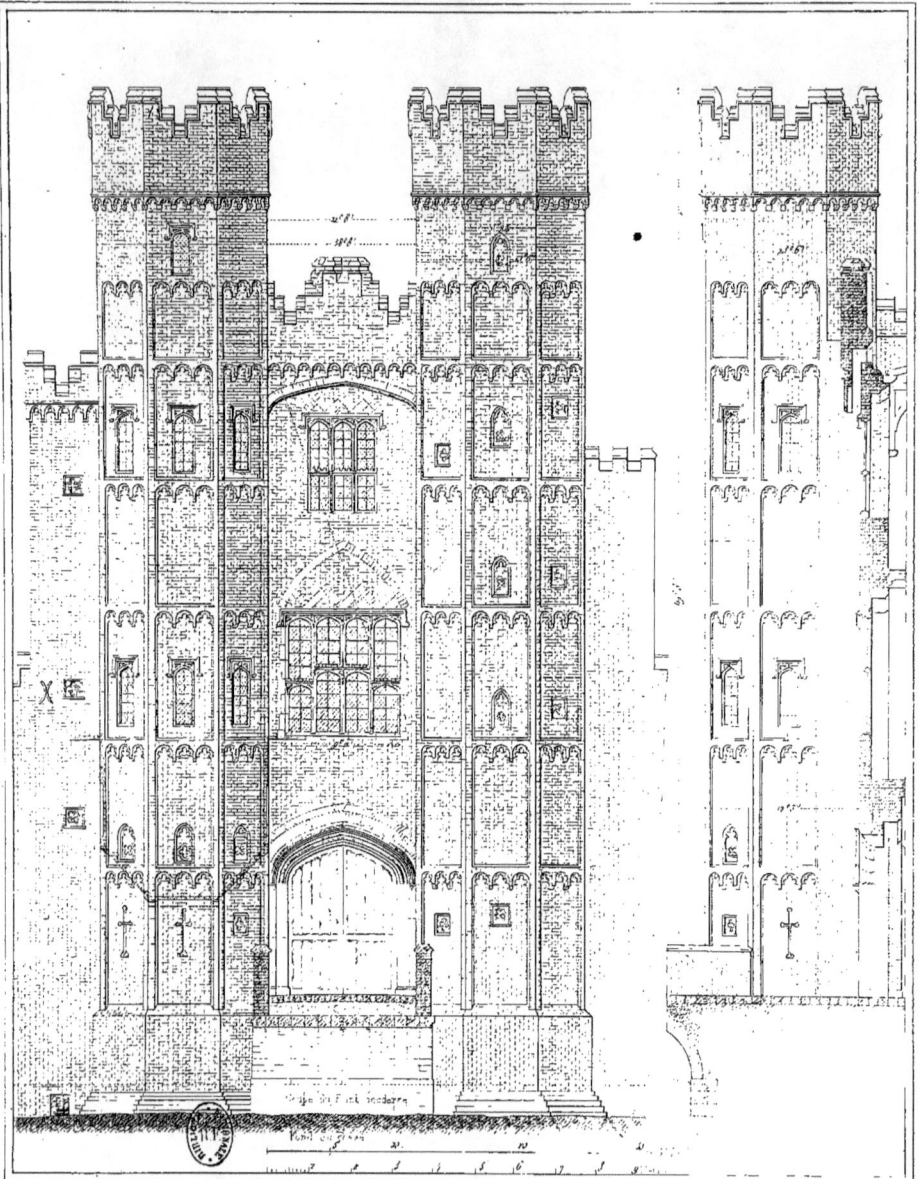

CHATEAU D'OXBORUGH (COMTÉ DE NORFOLK).
Porche extérieur. — Élévation et Coupe sur la Façade du Sud.

F. Noblet, Éditeur

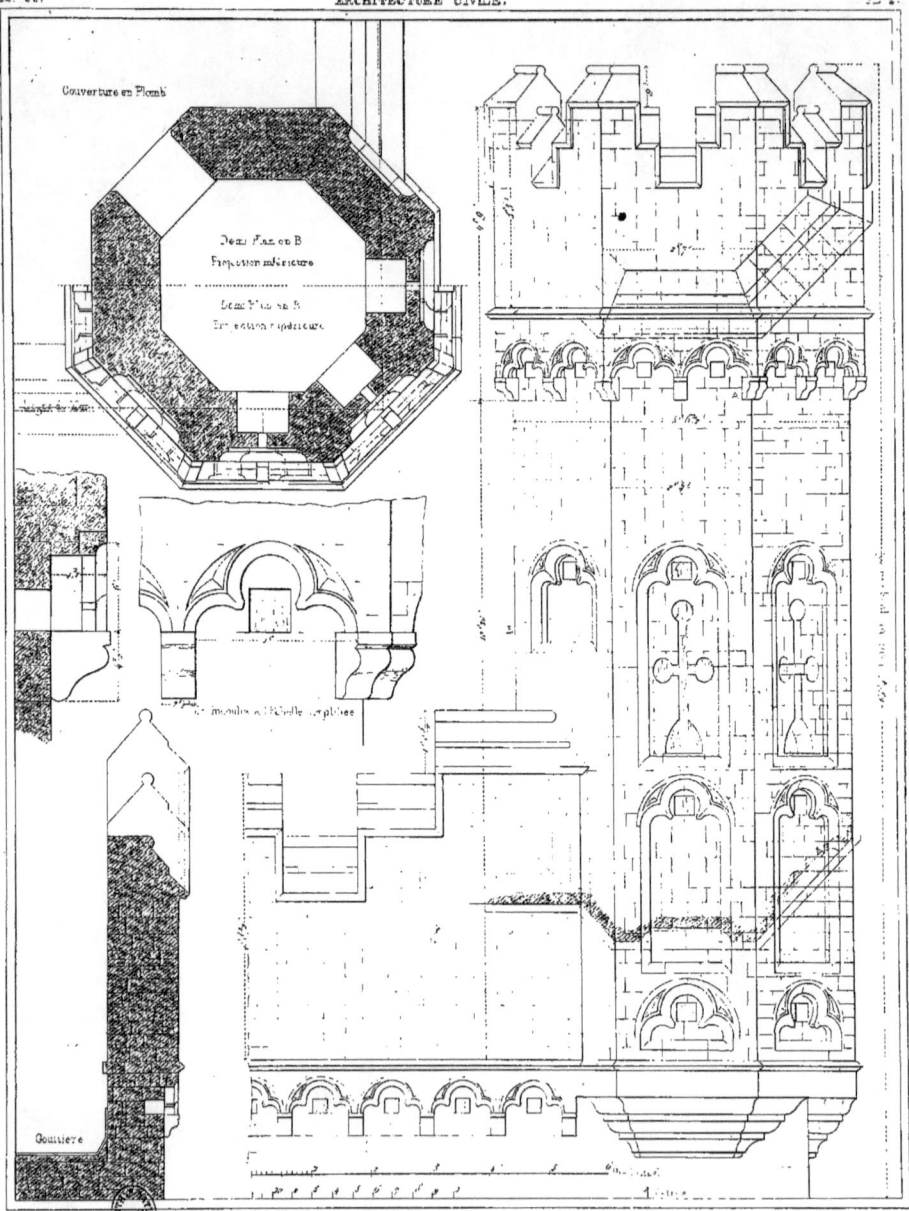

CHÂTEAU D'ORFORD, COMTÉ DE NORFOLK

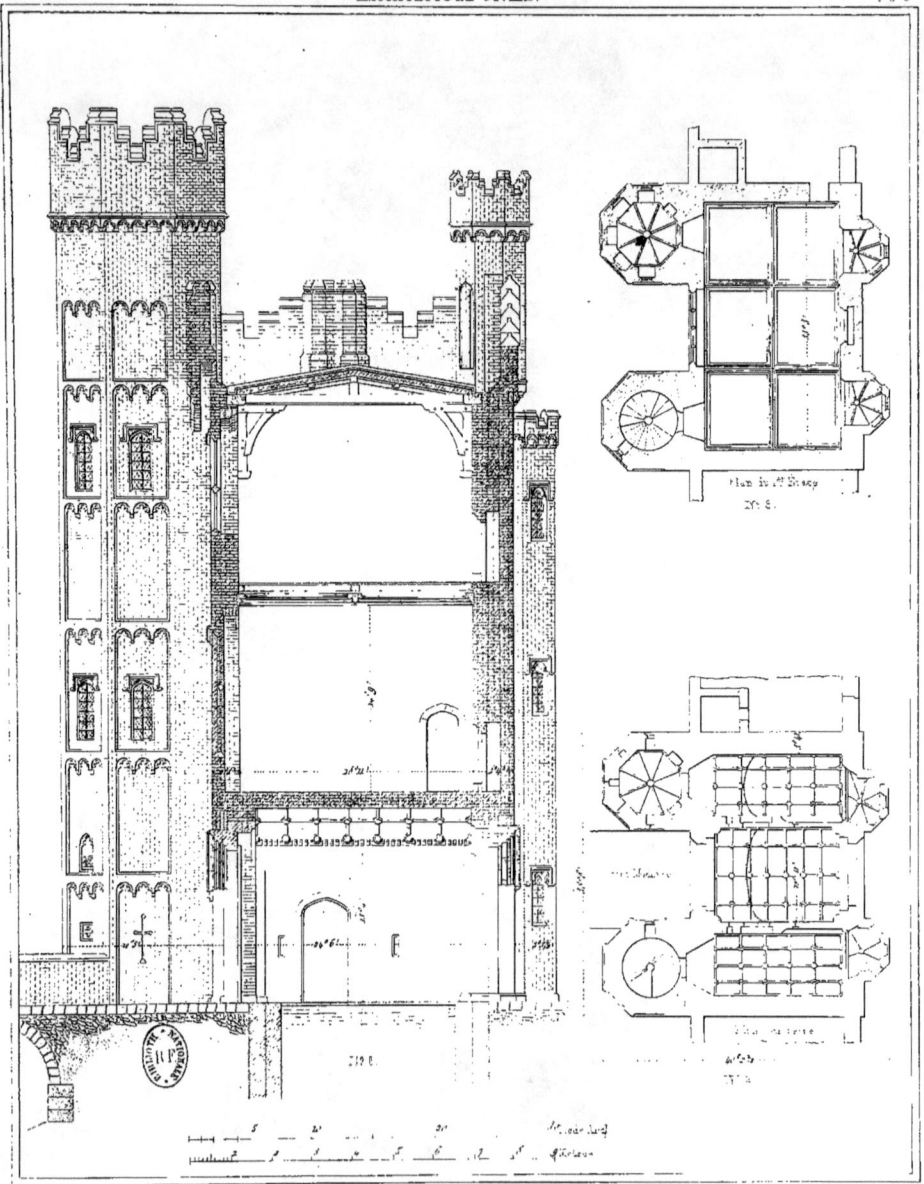

CHATEAU D'OXBURGH, COMTÉ DE NORFOLK.
N° 1. Coupe Centrale du Porche d'Entrée. N° 2 et 3. Plans

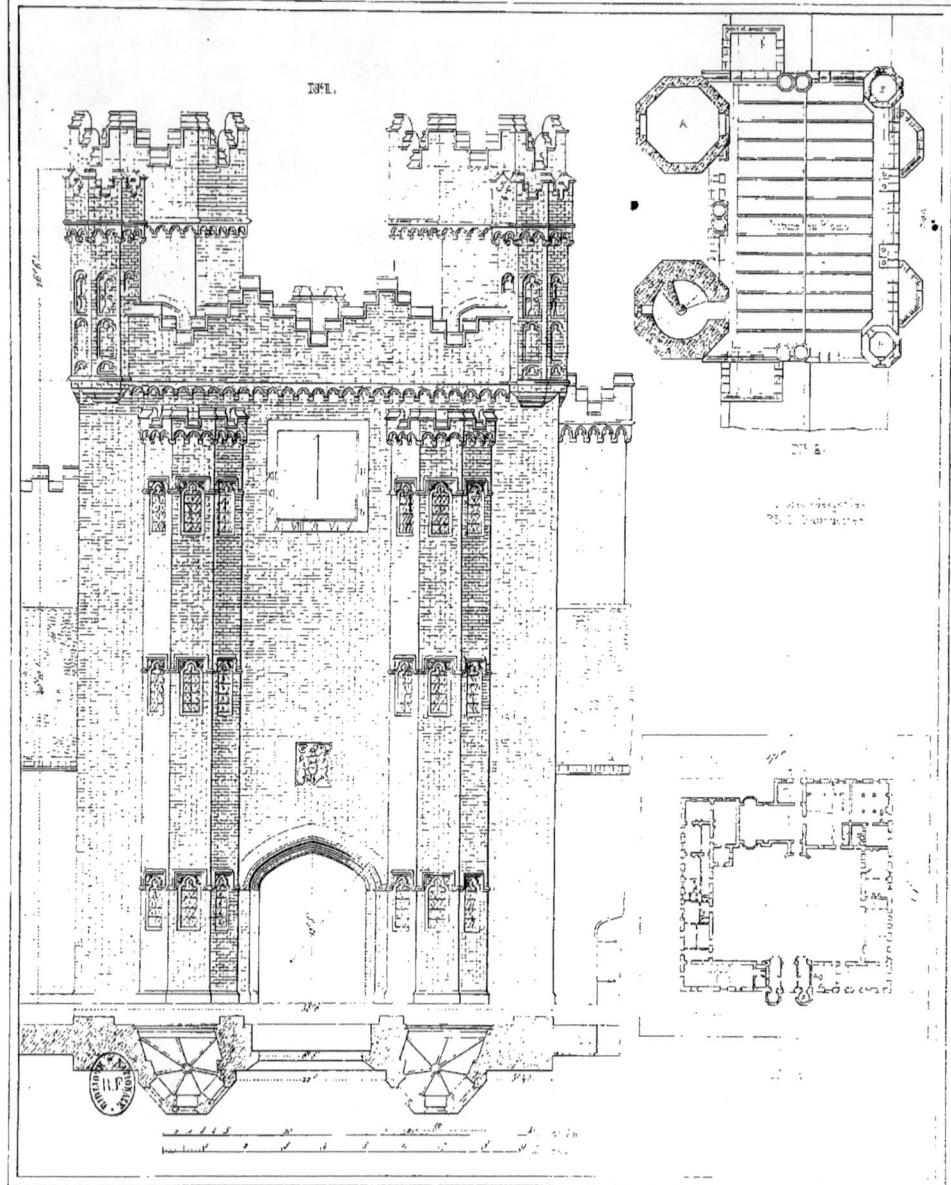

CHATEAU D'OXBOROUGH
Porche extérieur — N° 1. Façade du Côté du Quadrangle

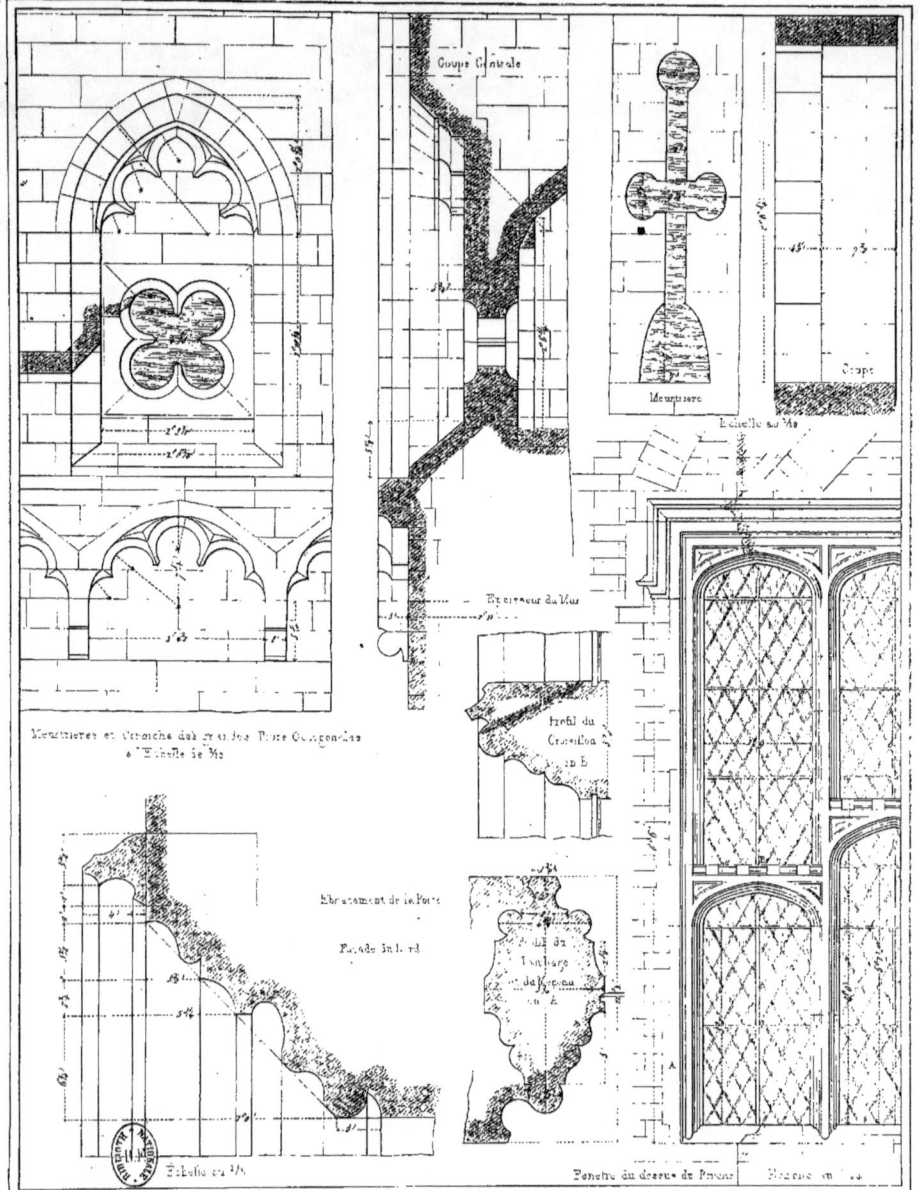

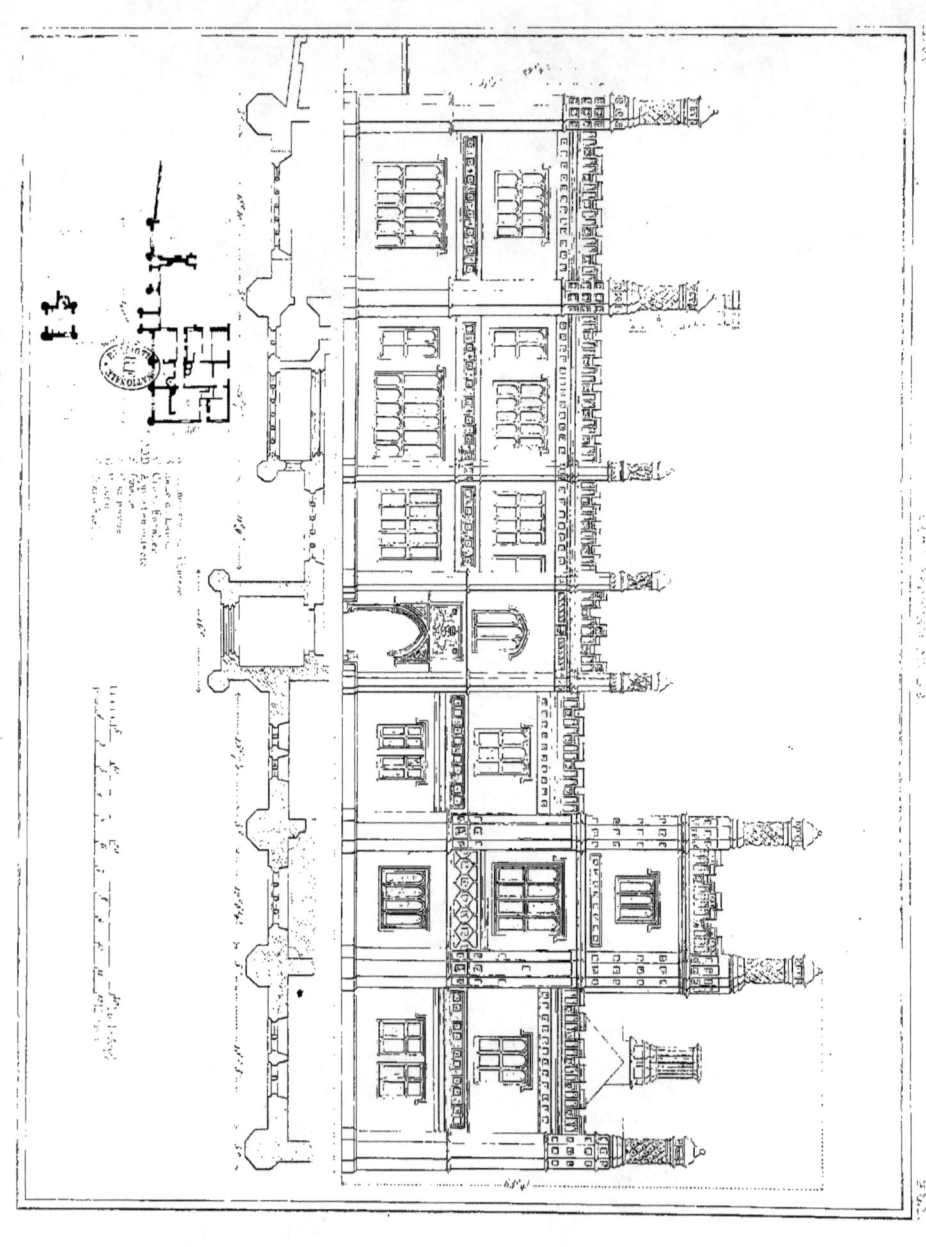

ARCHITECTURE CIVILE.

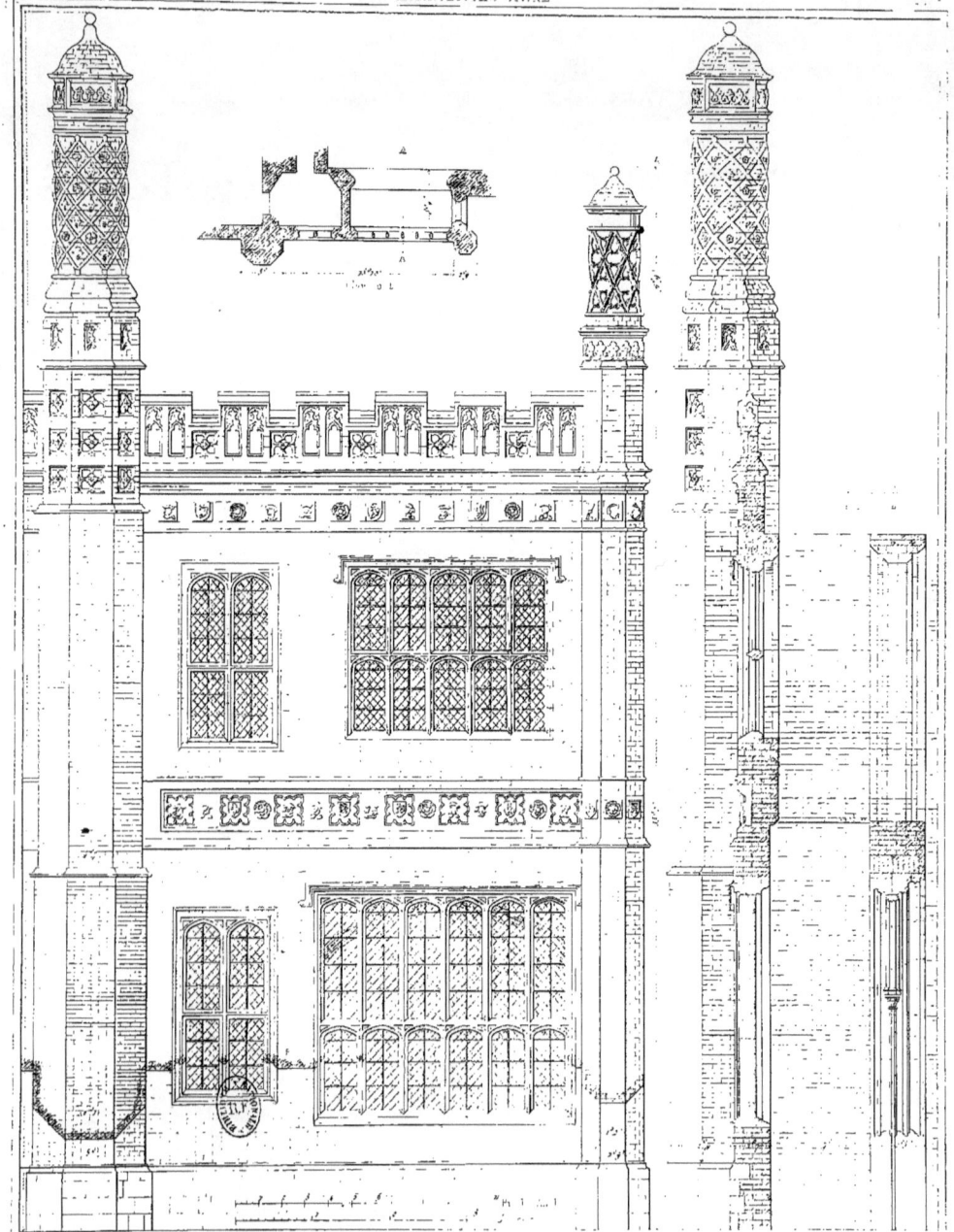

ARCHITECTURE CIVILE.

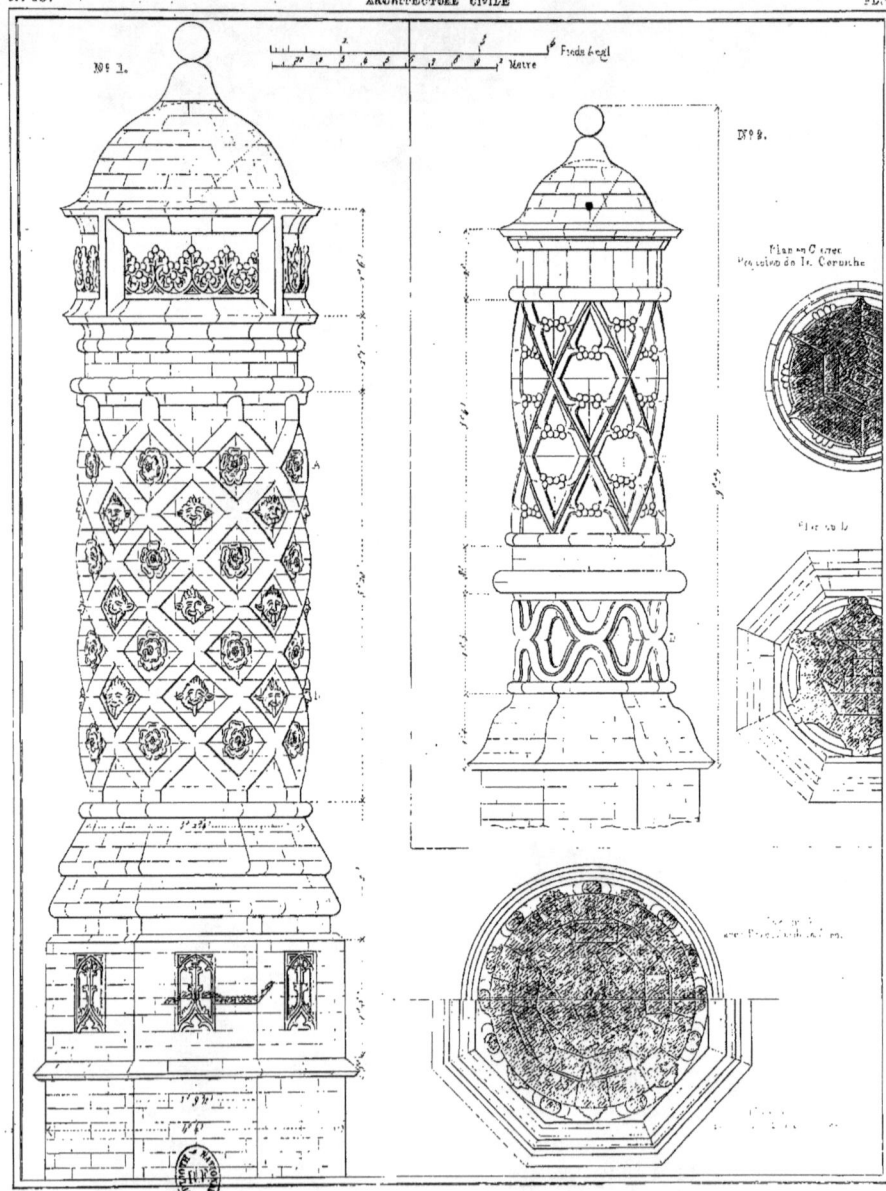

MANOIR D'EAST-BARSEAU, COMTÉ DE MORBIHAN.

N° 1. Une des Tourelles de la grande Façade — N° 2. Tourelle de la Façade intérieure

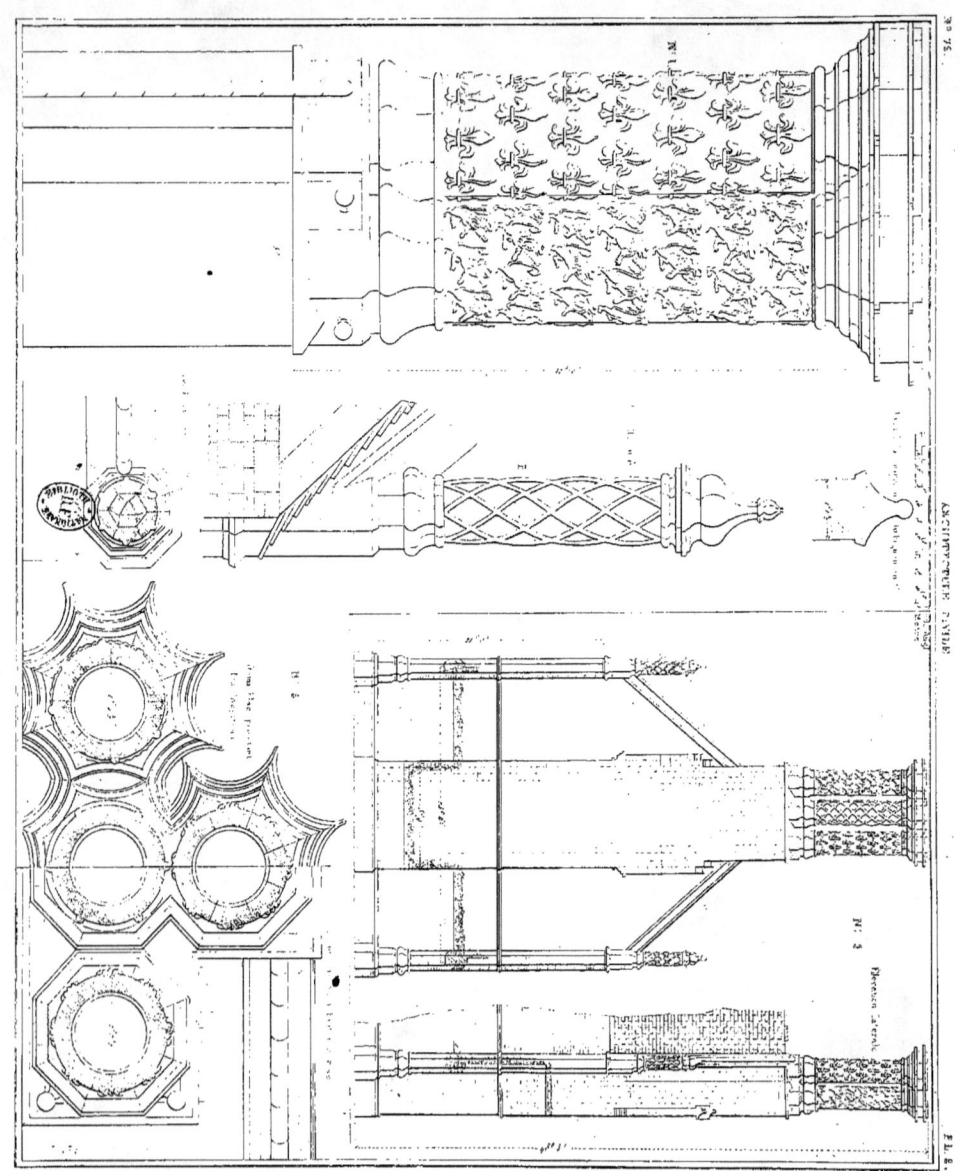

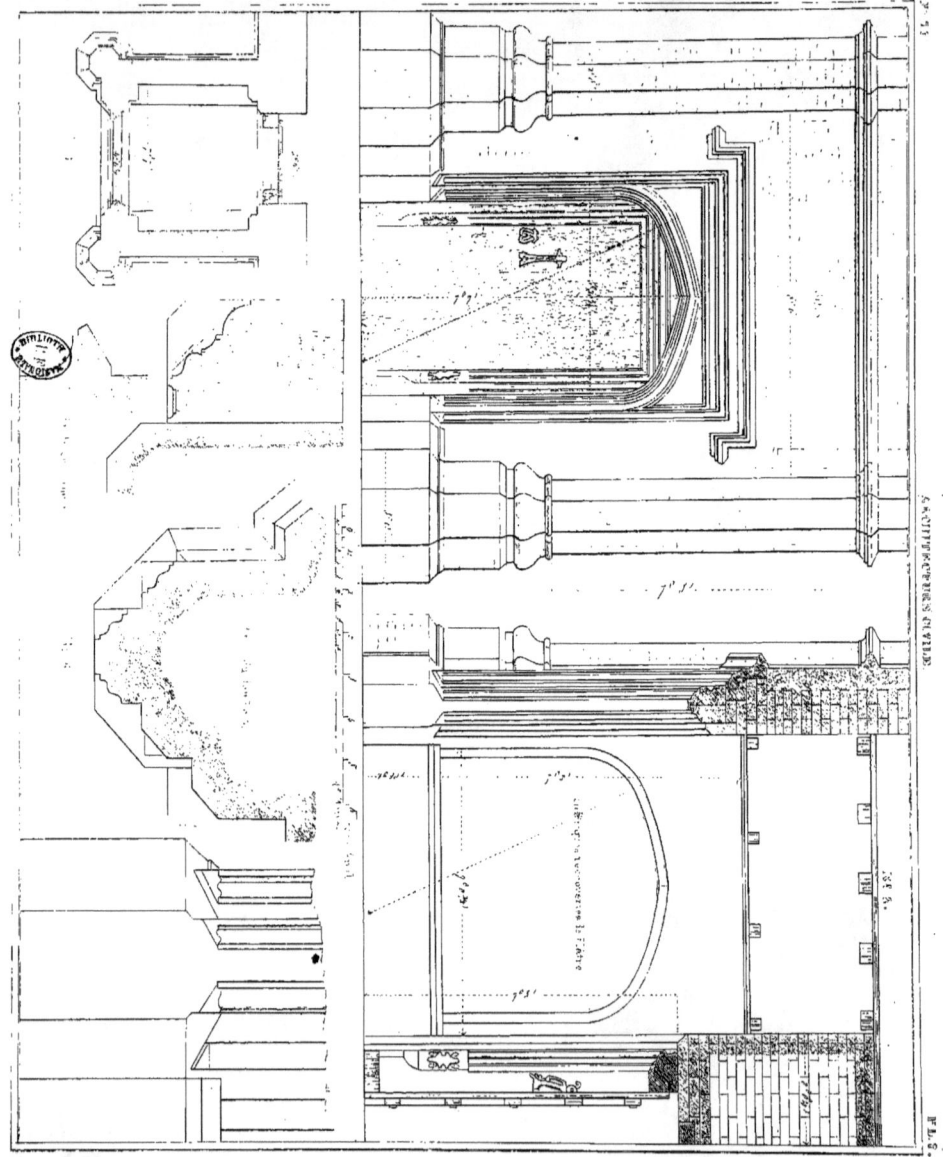

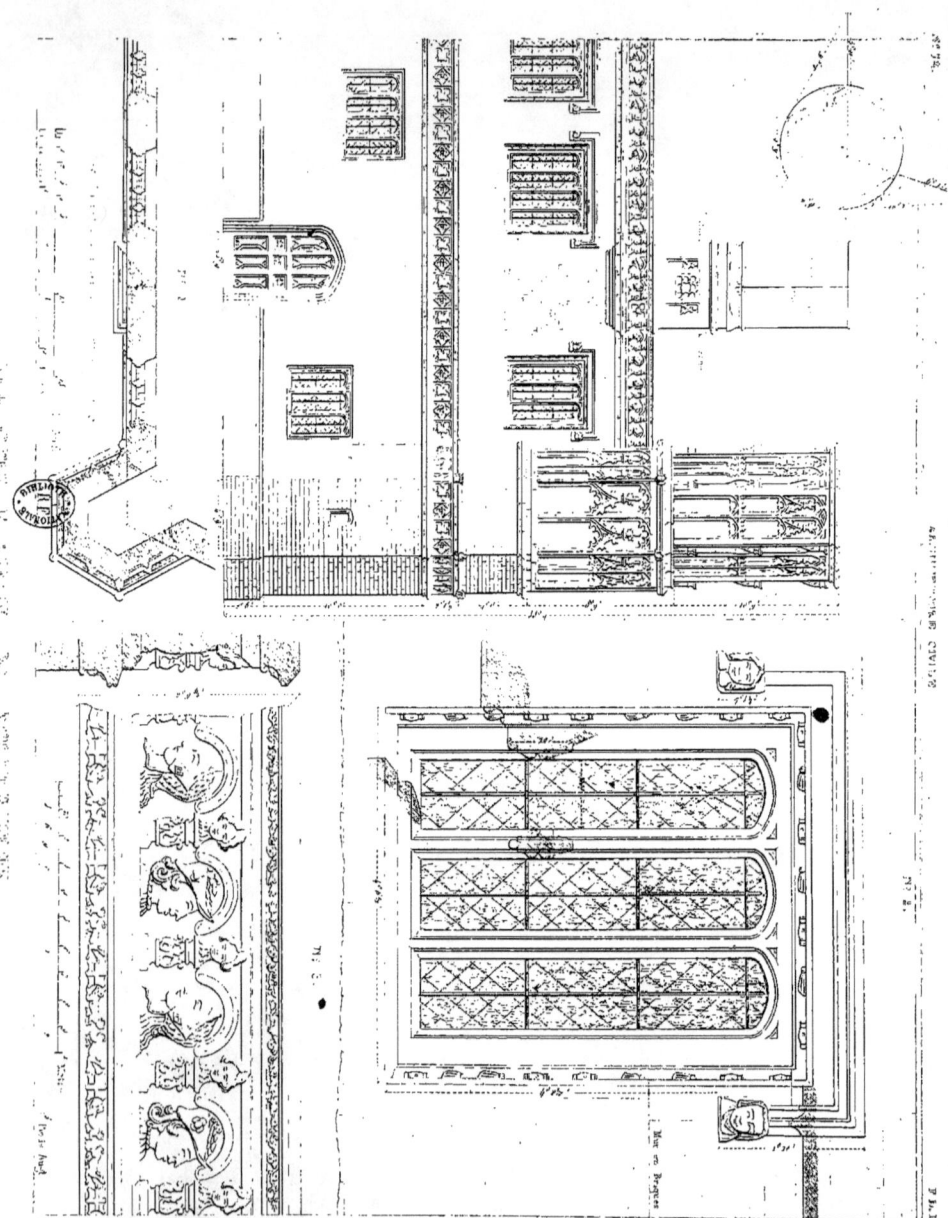

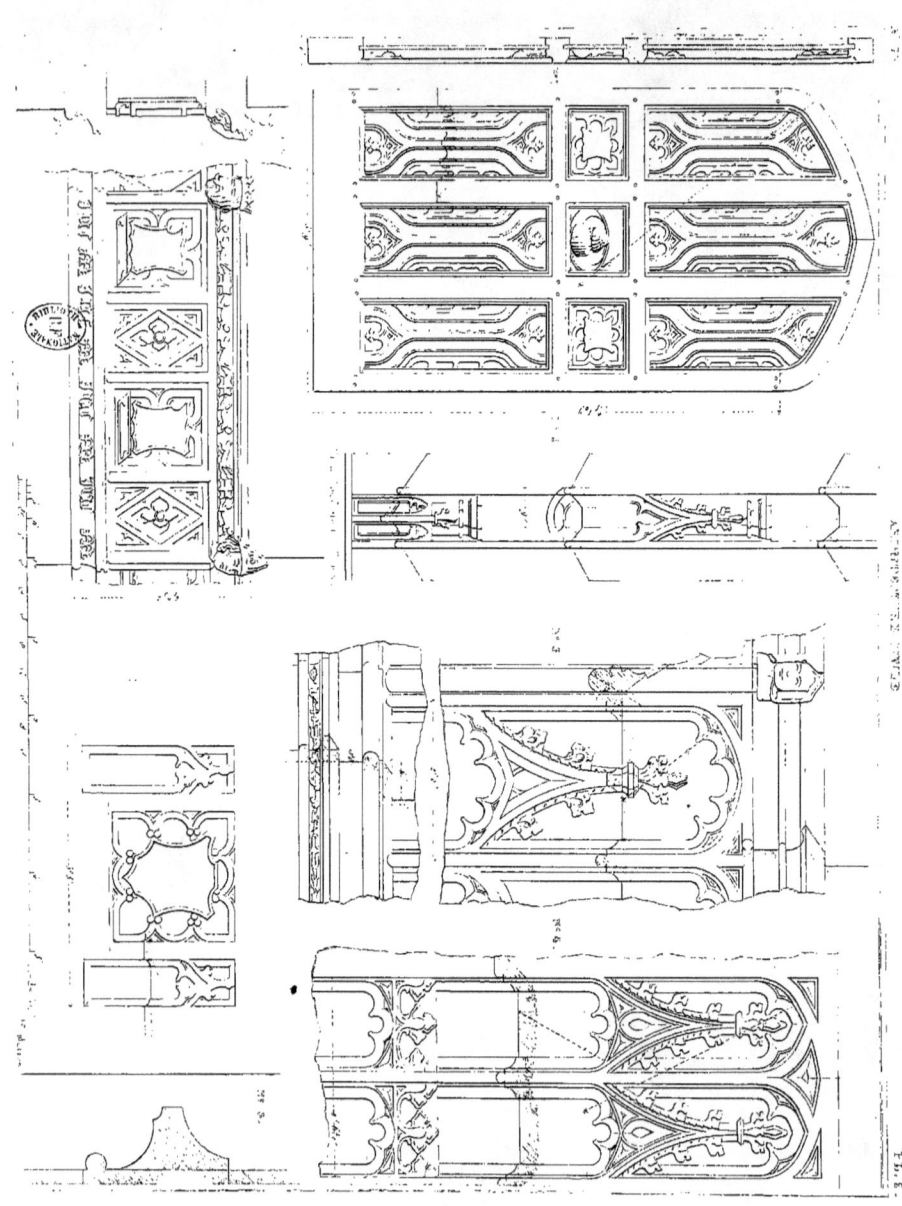